認出心性

就是解脫

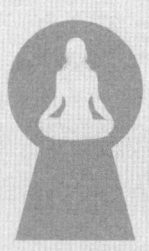

措尼傳承與證悟的女性修行者

———

特別指導：措尼仁波切（Tsoknyi Rinpoche）
作者：伊喜娜娃（郭怡青）

目次

【序言】修持措尼傳承，獲得信心與加持 / 措尼仁波切⋯⋯⋯⋯8

| 第一部 |
源流
為女性播下學佛的種子

第一章　措尼仁波切的弘願⋯⋯⋯⋯12
消失的尼眾身影⋯⋯⋯⋯12
女性修行的一道曙光⋯⋯⋯⋯14
將「尼寺沙漠」變綠洲⋯⋯⋯⋯15
法脈相連，海外綻放⋯⋯⋯⋯18

第二章　法脈清泉恆湧世間⋯⋯⋯⋯22
藏傳佛教的前弘期與後弘期⋯⋯⋯⋯23
如寶瓶注入寶瓶般，法教世代相傳⋯⋯⋯⋯24
珍惜得之不易的清淨法脈⋯⋯⋯⋯26
措尼傳承的法脈大樹⋯⋯⋯⋯28
第一世措尼仁波切之前的轉世⋯⋯⋯⋯29
措尼傳承的「近傳承」⋯⋯⋯⋯33
連結寧瑪派與噶舉派的法脈⋯⋯⋯⋯34

第三章　願度女眾——引領瑜伽女的第一世措尼仁波切⋯⋯⋯⋯36
心常安住於無分別念的狀態⋯⋯⋯⋯36
啟蒙上師阿德仁波切⋯⋯⋯⋯38

	調伏自心，獲得成就	43
	領受惹那林巴伏藏法	45
	與秋吉林巴尊者互為師徒	47
	噶舉派皇室裡的寧瑪派寺院	50
	為女性開拓一條修行路	51
	名師出高徒	54

第四章　**乘願再來**——延續法教傳承的第二世措尼仁波切　57
　　　　　重視女性的佛法教育　57
　　　　　無常的示現　59

第五章　**植根海外**——尼泊爾建寺的第三世措尼仁波切　61
　　　　　烏金仁波切與努日的因緣　61
　　　　　外公喚醒本質愛　63
　　　　　受證為第三世措尼祖古　64
　　　　　朝禮佛陀、蓮師的聖地　65
　　　　　康祖法王為第三世措尼祖古陞座　67
　　　　　祖古烏金仁波切授予心性指引　69
　　　　　頂果欽哲法王傳授「新伏藏」　71
　　　　　阿德仁波切傳授措尼傳承的法教　72
　　　　　學佛重點在於實修　77
　　　　　為外國人解說法教　78
　　　　　受學於紐修堪仁波切　80
　　　　　堪千南卓仁波切傳授「七寶藏」　83
　　　　　延續前兩世措尼仁波切的悲願　85

| 第二部 |

綻放

不枉女身的具證瑜伽女

第六章 ## 以女相示現慈悲與智慧 —— 90
　　致力培育尼眾的措尼傳承 —— 90
　　復興比丘尼傳統的漫漫長路 —— 94
　　蓮師與空行母 —— 99
　　蓮師佛行事業上的兩大女性助力 —— 102
　　尼古瑪與蘇卡悉地——瓊波南覺的女性根本上師 —— 105
　　瑪吉拉尊——直視恐懼的「斷法」女祖師 —— 107
　　色拉康卓——寥若晨星的女伏藏師 —— 110
　　乘願再來的女祖古 —— 112

第七章 ## 拙火成就的女性修行者 —— 116
　　囊謙給恰林阿尼的拙火修持 —— 116
　　措嘉卓瑪——囊謙給恰林的一代佛母 —— 118
　　噶瑪桑嫫——到貝瑪貴弘法的偉大阿尼 —— 119
　　昆桑確尊——不受空間限制的傳奇阿尼 —— 121
　　帕嫫——「氣脈功法」第一人 —— 123
　　蔣揚德琮——終生閉關的修座瑜伽女 —— 125
　　雪繞賞嫫——時刻憶念上師的具證瑜伽女 —— 127

| 第三部 |

永續
打造與時俱進的佛法花園

第八章	**建設兼具教育與實修的尼寺社區**	132
	奏巴山丘上的尼寺	132
	協助延續傳承法脈的昆秋帕滇堪布	135
	教育是落實兩性平權的基石	141
	多傑旺楚堪布——措尼給恰林的執行長	144
	措尼傳承的「三身閉關」	148
	金剛阿闍黎昆秋卓噶——三年閉關的主要導師	150
	昆秋帕嫫洛本瑪——措尼給恰林的未來	155
第九章	**重振空行聖地的噶舉派尼寺**	159
	措尼仁波切重振噶貢寺的因緣	159
	措尼噶貢林分寺——唐卓林	164
第十章	**助學偏鄉兒童**	166
	偏鄉兒童就學的困境	166
	學得一技之長,改善生活品質	168
	建立完善的基礎教育	169

第四部
祈請

第十一章　〈遙呼上師・悲切短韻〉 174

第十二章　培養本質愛，具足虔敬心 179
　　「上師瑜伽」是前行，也是正行 179
　　虔敬心是獲得加持的鎖鑰 180

第十三章　祈請上師加持，認出本來面目 183
　　——措尼仁波切對於〈遙呼上師・悲切短韻〉的開示概要
　　祈請上師 184
　　對治煩惱 184
　　對修行的加持 188
　　本覺的修持 196
　　證得法身 200
　　憶念上師獲加持 204

致謝 206

參考文獻 207

勝者的法教是為利益眾生而流傳，

因此，無論是短暫或長久利益眾生的佛行事業，

都要不計時間地去完成。

—— 第一世措尼仁波切 ——

| 序言 |

修持措尼傳承，獲得信心與加持

文／措尼仁波切

這本書是給所有想要瞭解在藏傳佛教裡所謂的「傳承」，特別是對於「措尼傳承」與具證瑜伽女感興趣的人。

在學佛的法道上，認識你所修習的傳承是很重要的，因為如果你不知道「法」的來源，難免就會有所懷疑或不確定。唯有當你瞭解其背景之後，才會產生信任，而這種信任能讓你進而生起信心與虔敬心，並且因此獲得能夠充實心靈的傳承加持，讓你能夠更加輕鬆、迅速地轉化並解脫。

一直以來，措尼傳承與瑜伽女有著極為深厚的業力連結。雖然措尼傳承的行者並非只有女性，在其他的傳承裡也有許多傑出的瑜伽女，而第一世措尼仁波切則是在十九世紀以男性為主的藏人社會裡，致力培育尼師的重要推手之一。

因著這樣的業力連結，約莫在三十年前，幾位來自囊謙的阿尼[1]

---

[1] 「阿尼」是西藏人對尼眾的口語慣稱，在給恰林一般也習慣如此稱呼，但現在也有寺院改用較為正式的稱呼——「尊瑪」（藏Tsunma）。

不辭千里地到尼泊爾來見我，啟發我在數年之後興建了措尼給恰林（Tsoknyi Gechak Ling）。在歷史的長廊裡，曾出現過許多來自不同傳承的具證瑜伽女，甚至是在囊謙給恰寺大樂菩提法洲（Gechak Gön Dechen Jangchup Choling，簡稱「給恰林」〔Gechak Ling〕）[2]，也有許多對於延續傳承作出極大貢獻的女性成就者，可惜在昔日男性至上的社會裡，她們的故事並未廣傳，而我覺得她們的成就應該見聞於世。

這些年來，我從在課堂中對伊喜娜娃（郭怡青）的認識，我覺得以她的背景以及與我和傳承之間的業力連結，實有能力來撰寫一本關於「傳承」的書，特別是「措尼傳承」。為了蒐集資料，她不僅去了囊謙──措尼給恰林之源，更多次到尼泊爾的措尼給恰林採訪堪布、金剛阿闍黎與尼眾們，而我們也花了許多時間一起確認過整本書的內容。我覺得這是一本很特別的書，因為伊喜娜娃能夠根據正確的資訊，將複雜的傳承以淺顯易懂的文字呈現出來。

希望透過此書，能讓修持措尼傳承者獲得傳承的加持與口傳，而初學者也能對我們延綿不斷的法源有更進一步的瞭解。同時，也希望書中那些關於具證瑜伽女的故事能夠對你有所啟發，激勵你追隨她們的腳步，直至證悟。

---

2 囊謙給恰寺大樂菩提法洲（Gechak Gön Dechen Jangchup Choling，簡稱「給恰林」〔Gechak Ling〕，亦有譯為「給恰寺」或「格迦寺」）為第一世措尼仁波切為培育尼眾修學佛法，囑咐其心子第一世倉央嘉措仁波切（Tsangyang Gyatso Rinpoche）所建的尼寺。爾後在藏地逐漸發展出至近百座子寺，以給恰林為主要尼寺。

第一部 源流

為女性播下學佛的種子

一九九三年歲末,位於加德滿都市郊的光明寺來了五位不尋常的訪客,她們是來自囊謙的阿尼。為了要拜見傳承上師措尼仁波切,她們翻山越嶺,跋涉千里而來。

第一章
措尼仁波切的弘願

{ 第一世措尼仁波切從母親身上看到藏地婦女的辛苦，
她們雖然也篤信佛法，卻苦無機會修行。
因此，他發願要在家鄉囊謙興建一座尼寺，
讓女性修行者能夠遍地開花。 }

消失的尼眾身影

「吽吽喔──吽吽喔──」。

低沉如象鳴的筒欽（長角號）聲悠揚延綿，想像你隨著莊嚴的樂聲來到一座五色旗飛揚的金頂寺院。寺院裡，身披紅袍的喇嘛們正在誦經，空氣間瀰漫著一股濃濃的酥油味……。如果你去過藏地或環喜馬拉雅地區的佛教寺院，或者看過相關的旅遊節目、書籍等，相信對於這樣的場景並不陌生。

自中世紀佛法傳入藏地以來，大大小小的寺院在各種緣起下，如雨後春筍般一座又一座地興建起來，儘管佛法也曾幾度在時代的更迭下歷經浩劫，但藏人對於佛教的信仰不曾因時間而改變。即

便時序已來到廿一世紀的今日，藏地的許多城市早已高樓林立，就連網路與行動支付也遍及鄉間。然而，挺過破壞與重建的寺院，依然是當地的文化象徵，身穿紅袍的僧人走在現代化的街頭毫無違和之感。

無論街頭有多繁華，當你走入寺院的那個瞬間，時空也彷彿停格在當下，轉經、持咒、修法……，這樣的畫面，如果將手機、電燈等現代設備隱藏起來，就與昔日的藏地並無差異。法教、儀軌在歷代祖師大德的願力以及護法的守護下，一代代地傳承下來，就算回到十九世紀，寺院的日常生活也是大同小異。

十九世紀的藏地佛法興盛，即便是在與中央政權遙遙相隔的東部，也不乏地位顯赫的大寺院。不過，如果你想要參拜一座具有規模的尼寺，可能就要大失所望。假如你運氣好的話，也許可以在山上的某處發現一間破舊的小尼寺，又或遇到幾位阿尼，但如果你想要找到一座足以媲美僧院的莊嚴尼寺，恐怕就得回到更久遠的年代。

據說在更早、更早以前，西藏部分的地區也曾經尼寺蓬勃，甚至早在八世紀就成立了尼僧團。儘管迄今各界對於當時的尼僧團是否為受過具足戒的比丘尼的看法不一，但有一點能夠確定的是，早年出家的女性多半來自皇親貴族，一般女性想出家其實並不容易，而尼寺也大多集中在政權所在的中部。爾後更不知為什麼，尼眾的身影也逐漸隨著歲月消聲匿跡。

女性修行的一道曙光

遊歷藏地，經常可見男女老少禮佛、繞塔、持咒的畫面，不過這種對於佛法的虔誠表現並不盡然等同實修。傳統上，藏人會將家裡的其中一個兒子送到寺院去修行，然而直到近代，女兒卻未對等地被鼓勵出家，一方面是由於過去文化上重男輕女的緣故，另一方面則是現實環境的阻礙。

昔日在藏地，出家必須獲得家人的支持。因為一切的生活所需皆由家人負擔，在此前提下，一般家庭儘管再貧窮也會想方設法成就兒子，卻不會為了女兒而籌錢。尤其是在環境艱辛的藏地東部，生活已夠艱難，還有誰會願意投資在被視為附屬品的女兒身上？

再者，昔日的高原生活需要依靠大量的人力來維持，儘管以前的人家普遍都有許多小孩，然而由於當時的醫療不發達，導致難產或夭折的機率也相對很高。試想，在一個小老百姓的家庭裡，如果有個兒子早逝，一個兒子出家，最小的兒子出遠門經商，那麼，氂牛要由誰來看管？田地要由誰來耕種？還有洗衣、打掃、煮飯、挑水等這些日常家務事要由誰來承擔？可否想像昔日婦女肩上的擔子究竟有多沉重？日常的現實，加上尼寺的貧乏，導致學佛之路對於一般女性而言困難重重，如此的情況在偏遠的東部更為普遍。

所幸女性在修行上的困境，於十九世紀後期出現了轉機，當時有些大成就者看見社會型態對女性的不公，而決定要作一些改變，其中包括來自囊謙的第一世措尼仁波切。

第一世措尼仁波切是十九世紀提倡女性修行的推手之一。（圖片提供：Neil Hogan）

仁波切從一生默默地為家庭付出的母親身上看到藏地婦女的辛苦，她們雖然也篤信佛法，卻苦無機會修行。因此，他立下悲願，將來一定要在家鄉囊謙興建一座尼寺，讓女性修行者能夠遍地開花。

將「尼寺沙漠」變綠洲

囊謙在哪裡？第一世措尼仁波切又是誰？

▎自十九世紀建寺以來,囊謙給恰林便是康區最主要的寧瑪派尼寺之一。
(攝影:郭怡青)

囊謙位於今日青海省的最南端,從漢地的角度來看,它似乎不過就是隸屬玉樹藏族自治州的一個偏遠縣城。行至玉樹之後,還要翻越重山峻嶺才能抵達。然而在昔日,它曾經是藏地東部的主要王國之一。

按藏人的傳統,藏地可分為三大區域:(一)中西部的衛藏[1];

---

[1] 衛藏大致相當於今日的西藏自治區。

（二）東北部的安多[2]；（三）東南部的康區[3]。「康藏」則泛指東部整體，包括康區與安多兩個地理區域。

歷史上的西藏曾經是盛極一時的吐蕃王朝，爾後隨著吐蕃王朝的瓦解，西藏也從君王制度轉向政教合一。當時中央政府為了鞏固政權，在偏遠的康藏實施土司制度，由世襲部族首領統治地方，再進貢中央，其中囊謙便是玉樹廿五族之首。

據說在更早之前，原是囊謙四十族，但在經過部落之間的分合與外移等因素，逐漸合併為廿五族。不過，由於玉樹是從中土通往西藏的必經之路，久而久之玉樹這個地名在中土反而比囊謙更加響亮，乃至今日囊謙反而變成玉樹自治州裡的一個縣城。

十九世紀的囊謙佛法興盛，出現了許多偉大的成就者，包括對當代佛法影響深遠的大伏藏師秋吉林巴（Chokgyur Linpa, 1829-1870）等人。而當時囊謙的國師——第一世措尼仁波切（1828-1888?）[4]，看到女性長久以來欠缺一個良好的修行環境，因此囑咐其心子第一世倉央嘉措仁波切（Tsangyang Gyatso Rinpoche），務必要在當地興建一座專門培育尼眾的給恰林。

---

2 安多大致相當於今青海省的海北、海南、黃南、果洛、海西藏族自治州，以及甘肅省的甘南藏族自治州與四川省的阿壩藏族、羌族自治州北部。
3 康區大致相當於今西藏自治區的昌都市、那曲市東部、林芝市東部，以及青海省的玉樹藏族自治州、四川省的甘孜藏族自治州與雲南省的迪慶藏族自治州。
4 在現有的文獻裡並無明確記載第一世措尼仁波切於何年圓寂，不過由於其傳記僅記載到1888年，當時他已病重並對弟子交代後事，因此合理推測他大約是在那時圓寂。

第一世倉央嘉措仁波切亦是措尼傳承的靈魂人物,他在其上師第一世措尼仁波切的指示下興建囊謙給恰林。(攝影:郭怡青)

措尼傳承向來以實修聞名,給恰林也不例外,隨著前來聞法修行的瑜伽女逐年增加,給恰林也不斷地擴建子寺,逐漸發展成為康藏地區最大的寧瑪派尼寺體系之一。

法脈相連,海外綻放

約莫在兩個世紀之後,時空來到現代與西藏比鄰的尼泊爾。在位於加德滿都西南方的奏巴(Chobhar Hill)山丘上,措尼仁波切的

第三世轉世祖古也興建了一座專門培育尼眾的「措尼給恰林」。

在藏傳佛教的系統裡有轉世祖古的傳統，有些大成就者會乘願再來利益眾生。這一世的措尼仁波切出生於尼泊爾，他在八歲那一年被認證為「措尼祖古」。身為措尼祖古，第三世措尼仁波切背負著延續措尼傳承以及其佛行事業的責任與義務。然而，在尼泊爾興建尼寺的願景，則要從五位來自囊謙的阿尼說起。

1993年歲末，位於加德滿都市郊的光明寺（Osel Ling Monastery）[5]來了五位不尋常的訪客，她們是來自囊謙的阿尼。光明寺是由近代大成就者祖古烏金仁波切（Tulku Urgyen Rinpoche, 1920-1996）所創立，現任住持是其么子詠給明就仁波切（Yongey Mingyur Rinpoche）。不過有一段時期，是由其第三子竹旺措尼仁波切（Drubwang Tsoknyi Rinpoche）所管理，而那五位阿尼正是為了要拜見她們的傳承上師措尼仁波切而來。

繼她們之後，又陸續來了一些阿尼，大家都希望能夠留下來學習佛法。隨著想要出家學佛的女眾逐年增加，第三世措尼仁波切決定在尼泊爾興建措尼給恰林，延續第一世措尼仁波切培育女性修行者的弘願。

故事至此，你可能會感到疑惑，為何從第一世措尼仁波切會直接跳到第三世措尼仁波切，中間不是應該還有第二世措尼仁波切嗎？

5　該寺於2010年由詠給明就仁波切接管，並易名為「德噶光明寺」（Tegar Osel Ling）。

第一部 源流——為女性播下學佛的種子

▍以實修聞名的囊謙給恰林,在十九世紀為女性修行者帶來一道曙光,並且成就了許多具證瑜伽女。(圖為第八世阿德仁波切〔後排中戴墨鏡者〕、諸位祖古與給恰林尼眾的合影。圖片提供:昆秋帕滇堪布)

的確如此,第二世措尼仁波切(1893–1960?)[6]出身自囊謙皇室,他一如第一世措尼仁波切,也是囊謙的國師,並且在當地延續了培育女性修行者的佛行事業。然而,隨著二十世紀中葉的時局動盪,囊謙也經歷了一些變動,因此,第三世措尼仁波切才會在尼泊爾轉世。

到此為止,已經簡略地勾勒出三世措尼仁波切佛行事業的輪廓,以及給恰林從康藏發展到尼泊爾的緣由。然而,如同任何法脈傳承,措尼傳承也可以回溯到佛陀的年代。所以,若要進一步認識措尼傳承與給恰林的佛行事業,首先要先回顧佛教的歷史,才能夠更加清楚地呈現出措尼傳承的脈絡。

6　這是根據囊謙的資訊,但第二世措尼仁波切何時圓寂缺乏文獻佐證。

第二章
法脈清泉恆湧世間

> 無論你的緣分在哪裡,
> 業力牽引你走向哪一個教派的花園,
> 任何法教皆有其源流,
> 猶如寶瓶注入寶瓶般地代代相傳。

「佛教」顧名思義是關於佛陀所傳的法教。這法教並非由一個名為「釋迦牟尼」的佛所創造,而是他所覺悟的生命實相。

「佛陀」一詞,源自於梵語的「Buddha」(覺者)。簡而言之,釋迦牟尼佛從無明的煩惱中照見自性,了悟生命的本質為「苦、空、無常、無我」,因而斷除輪迴,獲得解脫。這種本然的自性就是所謂的「佛性」,這佛性其實每個人都本自具足,只是因為被無明所蒙蔽,以致無法從輪迴中解脫出來。

那些能夠了悟實相、超越輪涅的覺者,被我們稱之為「佛」。自無始以來,有無數不落輪涅二邊的佛,釋迦摩尼並非唯一證悟者。然而,他是我們所處時代的現在佛,為了救度眾生,以自己所證悟的真諦,為眾生指引出一條通往覺醒的道路。

關於佛陀的故事，相信大家應該都不陌生。在他證悟成佛以前，原是古印度迦毗羅衛國（Kapilavastu）的太子悉達多·喬達摩（Siddhārtha Gautama）。他自幼就備受寵愛，過著錦衣玉食的生活，所見、所聞盡是世間的繁華喜樂。然而某日，身居深宮的他無意間看見了城外一般百姓生、老、病、死的景象，恍然明白這才是真實的人生，再多的財富、再高的權勢也躲不過生、老、病、死之苦。於是，他毅然決定捨棄萬人之上的財富、權位，出家尋求解脫之道。在試盡各種修行方法，經歷一次又一次的失敗之後，終於在菩提樹下了悟空性，斷除一切煩惱，成為超越生死輪迴的覺者，也就是後人口中的「佛陀」。

佛陀證悟之後，便開始在恆河流域開示傳法，並成立僧團，二千五百多年來，佛法逐漸傳播到世界各地。以傳播的路線而言，可略分為屬於上座部的南傳佛教以及屬於大乘的北傳佛教，其中北傳佛教又可分為漢傳佛教與藏傳佛教，前者以顯宗的法教為主，而藏傳佛教則是以密宗金剛乘的法教為主。

藏傳佛教的前弘期與後弘期

在佛教傳入藏地之前，喜馬拉雅地區原本盛行著泛靈信仰的原始宗教——苯教，直至佛教傳入，苯教因而式微。藏傳佛教的傳入，主要可分為前弘期與後弘期這兩大時期。前弘期是從七世紀吐蕃贊普松贊干布（569-649）提倡佛法起，至九世紀朗達瑪（799?-842）毀佛之間，其中最關鍵的時期是在八世紀時，贊普赤松德贊（742-797）從印度迎請寂護大師（Śāntarakṣita, 725-788）、蓮花生大士等高僧大德入藏傳法。當時他們興建了桑耶

寺，並建立僧團，翻譯了許多重要的經典。赤松德贊更於西元781年正式將佛教立為國教，而逐漸形成今日的金剛乘佛教，普及佛法於藏地的蓮師也被後人視為「第二佛」。

九世紀中葉，末代贊普朗達瑪開始大肆毀滅、迫害佛教信仰，導致民不聊生，後來被蓮師廿五大弟子之一的拉隆貝吉多傑（Lhalung Pelgi Dorje）所刺殺，終結了曾經盛極一時的吐蕃王朝，藏地也因此陷入了群雄逐鹿的時代。直到十世紀後半期，佛教自東部的多康地區逐漸復興，形成了佛教發展的後弘期，並開始興起政教合一的制度。

在此之前，藏傳佛教並無教派之分，只有現在的寧瑪派。自十一世紀起噶舉派、薩迦派相繼興起，格魯派也在十五世紀形成，藏傳佛教逐漸發展成了今日的四大教派。

另一種派別的分類方式，是以大譯師仁欽桑布（Rinchen Sangpo, 958–1055）所譯的經典、密續為分界點，在他之前的翻譯被稱為「前譯」，之後則稱作「新譯」。因此，寧瑪派也稱為「前譯派」，而噶舉派、薩迦派、格魯派則皆屬於「新譯派」。

如寶瓶注入寶瓶般，法教世代相傳

隨著時代的變遷，藏傳佛教的發展史聽起來或許有點複雜，但無論教派如何演變，佛法就是佛法，無論是「前譯」或「新譯」，最終的目的都是為了幫助我們認出本覺，利他成佛。只是每個人具有不同的因緣與根器，所以，適合自己的修持方式也隨之而異。

無論你的緣分在哪裡，業力牽引你走向哪一個教派的花園，任何法教皆有其源流，猶如寶瓶注入寶瓶般地代代相傳。從寧瑪派的觀點來看，法教傳承的方式可分為「遠傳承」（教典傳承）、「近傳承」（伏藏傳承）與「甚深淨相傳承」三種。

「教典傳承」意即佛陀親口宣講的經典（密續部分則是從法身普賢王如來開始），在歷代師徒的口耳相傳下不間斷地流傳至今，由於經歷的時間久遠，因此稱為「遠傳承」。

「伏藏傳承」顧名思義是蓮師伏藏法的延續。蓮師在離開西藏之前，在各種空間以各種形式存封了許多殊勝的伏藏法，等待因緣成熟時由具緣的伏藏師取出。因此，伏藏法等同是由蓮師直接傳給伏藏師本人的珍貴法教，故而稱為「近傳承」。

舉凡寧瑪、噶舉各派的任何傳承，都有可以追溯到佛陀年代的「遠傳承」，以及蓮師伏藏法的「近傳承」。不過，還有一種極為殊勝的傳承──「甚深淨相傳承」，這是高深的證悟者在夢光明或禪定中，親見諸佛菩薩所領受的法教。

這種奧秘的甚深淨相，與伏藏法中的從伏藏師心間自然湧出的「意伏藏」有何不同？伏藏就猶如蓮師預先為後世準備的「禮物」，早在他存封之際，就已授記好未來將由誰取出。因此，意伏藏就好比「覺性的硬碟」般，事先「置入」在具緣的伏藏師心間，待時機成熟時自然浮現。「甚深淨相」則是證量高深的修行者在淨相中親見上師、本尊或空行，直接獲得開示。

珍惜得之不易的清淨法脈

無論是「遠傳承」、「近傳承」或「甚深淨相傳承」，金剛乘很重視這種代代相傳的清淨傳承。因此，許多法門若未獲得傳承的灌頂、口傳、指引等，便不允許擅自閱讀或修持。

對於已經習慣使用3C產品的現代人而言，可能難以想像在沒有現代科技的年代，法教要如何記錄與保存。別說是在連紙、筆都付之闕如的遠古時代，即便是在近代，數位化的普及其實也不過近二、三十年前的事。法教能在時局的改變下一代代地流傳迄今，這都是先人在歷經過重重考驗且堅持不懈的成果。

近代的大成就者頂果欽哲法王（Dilgo Khyentse Rinpoche, 1910–1991），是第三世措尼仁波切的根本上師之一。他出生在西藏康區，是一位經歷過大時代動盪的成就者，後來在尼泊爾興建雪謙寺（Shechen Tennyi Dargyeling Monastery）。

在措尼仁波切年輕時，有一天雪謙寺來了一箱又一箱的經論，那些都是頂果欽哲仁波切的上師雪謙嘉察仁波切（Shechen Gyaltsab Rinpoche, 1871–1926）的大作。雪謙嘉察仁波切寫過許多珍貴的著作，不過有一段時間因為時局使然，被留在康區而難以取得，後來隨著時局的改變，終於飄洋過海來到尼泊爾。當頂果欽哲仁波切看見那些經論時，心潮澎湃，彷彿親見上師般，他感動地對著經書頂禮。

「那是很久以前的事，當時我還年輕，只記得看見頂果欽哲仁波切高大的身影，在圖書館裡對著那些經書頂禮，後來我聽當時也

當代大成就者頂果欽哲仁波切是措尼仁波切年少時期的主要上師之一。（圖片提供：美國芬陀利迦佛學會）

在場的大哥確吉尼瑪仁波切（Chokyi Nyima Rinpoche, 1951-）說，仁波切看到經典時感動到落淚。」措尼仁波切回憶著當時的情景說道。

經書是佛語的代表，從如此的小故事就可得知，今日看似唾手可得的法本，其實都是歷代上師竭盡所能傳承下來的珍貴法教，我們現在才有機會領受。所以，我們絕對不能忽視傳承所具有的獨特價值。

措尼傳承的法脈大樹

措尼仁波切同時擁有寧瑪與噶舉傳承的法教，兩者猶如花園裡的兩棵大樹相互輝映。不過，花園裡最獨特的花朵，是以大伏藏師惹那林巴（Ratna Linpa, 1403-1478）的伏藏法為基礎，並由第一世措尼仁波切及其心子第一世倉央嘉措仁波切所融會貫通的核心法教。在修持惹那林巴伏藏法的過程中，兩位上師都曾取出意伏藏，復甦了一些已失傳的法教，進而形成獨樹一格的「措尼傳承」，藏語稱為「Tsok Luk」（音「措路」）[1]。

藏語「nyingma」（音「寧瑪」）一詞在藏語裡意指「古」、「舊」，因此從名稱就可得知，寧瑪派屬於「古傳派」或「前譯派」，主要以蓮師、無垢友（Vimalamitra）與毗盧遮那（Vairotsana）的大圓滿法教為核心。若以寺院系統而言，寧瑪派的六大母寺包括多傑札寺、敏卓林寺、雪謙寺、卓千寺、噶陀寺與白玉寺。但並非所有的寧瑪派傳承都隸屬六大寺院，例如措尼傳承所依循的就是以惹那巴林法教為中心的「措路」傳統。

另一方面，藏語「kagyu」（音「噶舉」）意指「教言傳承」，所以顧名思義，噶舉派是以直接口諭的方式將法教傳給弟子。其法源可追溯到代表證悟圓滿覺性、究竟的原始佛金剛總持（Vajradhara），

---

[1] 措尼傳承的藏語稱作「Tsok Luk」（音「措路」），「Tsok」（音「措」）意指「措尼」，而「Luk」（音「路」）從字義上來說比較接近「傳統」、「成規」，因此也有人將之譯為「措尼傳規」。這是因為在藏語裡「傳承」一詞還有另一個比較正式的詞彙——「gyud ba」（音「矩巴」），例如寧瑪或噶舉「矩巴」。不過由於「措路」亦是指法脈的代代相傳，因此外文通常都會譯為「傳承」。

經由印度八十四大成就者之一的帝洛巴（Tilopa, 988–1069），爾後再依次傳給大學者那洛巴（Naropa, 956–1041），以及將佛法傳入西藏的大譯師馬爾巴（Marpa, 1012–1097）、大瑜伽士密勒日巴（Milarepa, 約1052–1135）與大成就者岡波巴（Gampopa, 1079–1135）。

岡波巴尊者有四位心子，他們所創立的傳承被稱為「四大」，而由他們的心子創立的傳承則被稱為「八小」。其中措尼傳承與竹巴噶舉（Drukpa Kagyu）的淵源尤其深厚。

為什麼措尼傳承會同時擁有寧瑪與噶舉這兩大教派的法脈傳承呢？這就要從措尼仁波切的歷代轉世說起。猶如《佛說本生經》所記載，釋迦牟尼佛在成佛之前，就已經累積了無數世的善緣，措尼仁波切在成為措尼祖古之前也有無數的轉世。

第一世措尼仁波切之前的轉世

根據第一世措尼仁波切親撰的〈指示解脫道祈請文〉，他提到自己是秘密主金剛手菩薩的化身之一。在他轉世為第一世措尼仁波切之前，就已經歷過十五次轉世，最早可追溯到佛陀時代的印度，當時他是一位阿羅漢──「迦旃延」（Kātyāyana）。

第二世，他轉世為一名婆羅門種姓的佛教徒，以精進供養、布施聞名。

第三世，他是蓮師在沙霍國（Zahor）傳《教集法海》時的一位瑜伽自在者。

▌第一世措尼仁波切是金剛手菩薩的化身之一。金剛手菩薩因總持十方諸佛的聖意密法，故稱「秘密主」，是大圓滿傳承重要的祖師之一。（圖片提供：格桑唐卡世界〔Kalsang Art〕）

第一部 源流——為女性播下學佛的種子

第四世,他依然是蓮師的弟子,不過他們的緣分已經從印度牽引到西藏,而且關係更加緊密,此世的他是蓮師廿五大弟子之一的朗卓昆秋炯涅(Langdro Konchok Jungne)。起初他擔任藏王赤松德贊的內臣,後來成為大譯師與咒士。

到了第五世,他的法緣連結到尼泊爾,是當地的一位顯教法師與持明者——達惹傑松(Tare Jesong)。他的修為很高,已經堅固地成就生圓二次第。

金剛乘無上續部所有法門的修持,基本上都可以歸納為生起次第與圓滿次第兩個階段。首先,任何能夠幫助我們將眼、耳、鼻、舌、身等五根所執為不淨的對境化為清淨的修持方式,例如接受灌頂、觀想本尊、持誦咒語等,都屬於生起次第的範圍。因為從金剛乘的角度來看,萬法本初清淨,藉由生起次第的修持,便能讓本然的清淨快速地顯現。

另一方面,當心毫無造作地安住於本然狀態,就是圓滿次第的修持。畢竟無論生起次第修持得如何深妙,終究仍是造作,若無法了悟空性,只會落入將清淨相執為實有的另一種執著。所以,必須藉由修持圓滿次第來斷除。

由於達惹傑松對於生圓二次第的修持已經達到穩定,因此不再對世間萬法有所執著。

而他的下一世(第六世)是吐蕃贊普赤松德贊的次子穆尼贊普(Mune Tsenpo, 762–798)。二王子與其父王同樣篤信佛教,極受父王重視。赤松德贊過世時,不僅將王位傳給他,甚至連自己的

愛妃也一併託付於他，導致王子的生母因為嫉妒而毒死自己兒子的人倫悲劇。

關於第七世的記載不多，只知道他是一名咒士。

而在第八世，他轉世為拉隆貝吉多傑。提及這個名字，歷史上最著名的拉隆貝吉多傑，莫過於刺殺朗達瑪並終結吐蕃王朝的蓮師弟子。他原本長年在閉關，然而某日當他禪修時，有位空行母示現在他面前，告訴他佛法正受到迫害，希望他能出面阻止。於是他便出關刺殺朗達瑪，從此藏傳佛教的發展便進入了後弘期。

故事至此，你可能會覺得奇怪，措尼前身的第四世不就是蓮師廿五大弟子之一的朗卓昆秋炯涅嗎？為何到第八世又回到同一個年代？是否順序或時序有誤？對此，來自囊謙現任職於措尼給恰林的昆秋帕滇堪布（Khenpo Kunchog Palden）表示，在僅知名字而缺乏相關文獻的情況下，此處的拉隆貝吉多傑究竟是蓮師的弟子或只是同名之人，確實有討論的空間。因為藏人除了貴族之外，一般不重視姓氏，而且他們一般習慣以具宗教色彩、吉祥寓意或大自然相關的詞彙來命名，所以撞名也不足為奇。例如，囊謙給恰林的創始人第一世倉央嘉措仁波切，就與第六世達賴喇嘛同名。

不過堪布亦指出，轉世者確實有可能掌握自己轉世的過程，並決定要轉世至何處，因此他們也有可能出現在不同的時序裡。此外，相同人的轉世變成諸多化身，或諸多化身轉世變成一個人的情況，也很常見。

例如前白玉掌教者貝諾法王（Penor Rinpoche, 1932–2009）在某個

前世是拉隆貝吉多傑,如果措尼前身的第八世亦是那位知名的拉隆貝吉多傑轉世,那麼他們就是一人變成多位化身的例子。又如朗卓昆秋炯涅與拉隆貝吉多傑不僅都是蓮師時代的王臣廿五弟子之一,同時也都曾轉世為大伏藏師惹那林巴。這就是諸多化身轉世成為同一個人的例子。

措尼傳承的「近傳承」

措尼仁波切前身的第九世是大伏藏師惹那林巴。在蓮師授記的一百零八位主要伏藏師裡,並非每位都有取出完整的具緣伏藏,其中最圓滿的莫過於惹那林巴。原本他應該還要轉世為息波林巴(Zhikpo Lingpa)與卓度林巴(Drodul Lingpa),然而由於他自身圓滿的福德資糧,促使他在一世當中就取出了三世的伏藏。

而措尼傳承的「近傳承」,就是從這一世開始,因為惹那林巴直接取出了蓮師的伏藏法,而這也是措尼傳承主要修持的法教。既然如此,「措尼傳承」為何不稱為「惹林傳承」?「措尼祖古」又為何不是從這一世開始算起?

首先,儘管措尼仁波切是惹那林巴的化身之一,但並不是唯一的化身。因此,他不是惹那林巴伏藏法的唯一法主。

再者,諸佛菩薩轉世的概念是基於化身,自無始以來,他們就一直以各種形式化現,在不同的時空裡利益眾生。而成就者乘願回到前世的寺院裡繼續傳遞法脈,這種正式認證轉世祖古的傳統則是起源於十三世紀的噶舉派。因此,轉世祖古第一世的算法,不

一定是從法脈的根源開始。

然而更重要的是，有別於其他傳承所修持的惹那林巴伏藏法，措尼傳承的法教是以惹那林巴的伏藏法為基礎，並根據第一世措尼仁波切與第一世倉央嘉措仁波切所取出的意伏藏補強提升，遂而形成日後獨樹一幟的傳承。

連結寧瑪派與噶舉派的法脈

藏傳佛教在後弘期開始出現不同教派，措尼前身與噶舉派的連結，是從第十世的惹瓊巴（Rechungpa, 1083–1161）開始。惹瓊巴是西藏最著名的苦行瑜伽士密勒日巴尊者的兩位心子之一，主要承襲了以口傳教誡為主的布衣瑜伽士系統。

第十一世措尼仁波切的前身轉世為布衣行者帝師惹巴謝惹桑給（Tishrī Repa Sherab Senge, 1164–1236），他是跋絨噶舉（Barom Kagyu）開山祖師跋絨達瑪旺秋（Barom Darma Wangchuk, 1127–1199）的心子。1196年謝惹桑給離開西藏，因緣際會前往西夏（1038–1227）傳法建寺，並於1206年受封「帝師惹巴」的頭銜而成為國師。

第十二世轉世為貝滇寺的創立者拿波貢鋪（Ngapo Gonpu），修行極有成就，後代也有許多成就者。

在第十三世，他轉世為噶瑪仲珠嘉措（Karma Tsondru Gyamtso），當時他是聶多噶舉（Neydo Kagyu）的開山祖師恰美仁波切（Chagme Rinpoche, 1613–1678）的侍者兼弟子。聶多噶舉結合了寧瑪與噶舉兩派的殊勝法教，恰美仁波切更是惹那林巴伏藏法的主要法主之一，

其法教對於後世的影響極為深遠。而噶瑪仲珠嘉措自身無論是在學問或實修方面也都十分卓越，並且已獲得生圓二次第的成就。

關於第十四世，文獻上並未多作描述，僅說他來自阿札貢巴（Azagompa）家族，是位具有力量的持明者。

到了第十五世，他轉世為噶瑪確英（Karma Choying），是第十三世大寶法王與第三世恰美仁波切的弟子。名師出高徒，噶瑪確英本身的修行成就十分卓越，後來他也成為許多成就者的上師，包括第四世恰美仁波切、第十四世大寶法王、當時的囊謙王與阿德仁波切（Adeu Rinpoche）等。

噶瑪確英的轉世就是第一世措尼仁波切貝瑪直美偉瑟（Pema Drime Odser）。大伏藏師惹那林巴曾授記，將來他會有身、口、意、功德、事業的五大化身，[2] 其中「意」化身貝瑪直美偉瑟將在康區弘揚佛法。

如此的緣起，開啟了承襲惹那林巴伏藏法的措尼傳承。如前所述，儘管第一世措尼仁波切不是惹那林巴伏藏法的唯一法主，但他卻持有最完整的惹那林巴法教，因為有部分的法教來自於他的意伏藏。另一方面，無論是第一世措尼仁波切的前身或其自身的學法過程，又與噶舉派有著密不可分的連結。因此，措尼傳承可以說是同時承襲了寧瑪派與噶舉派的法教。關於這個部分，在第三章〈願度女眾〉裡會有更清楚的描述。

2　亦有身、口、意三大化身之說。

―――― 第三章 ――――

願度女眾
引領瑜伽女的第一世措尼仁波切

> 第一世措尼仁波切選擇在沙礫的土地上
> 興建尼寺——給恰林，
> 象徵他利益的尼眾將猶如沙礫般無量無數。
> 在措尼傳承近百座的寺院裡，
> 只有五座是僧院，其餘皆為尼寺。

心常安住於無分別念的狀態

那一年大雪紛飛，大地被前所未有的綿延白雪覆蓋成一座冰宮，在藏地東北多堆的森給宗（Sengye Zhong）[1]，擁有貴族血統的一戶牧農家正迎接著一個新生命的到來。就在那一瞬間，整個屋子被一道吉祥的白光所照亮。

第一世措尼仁波切出於藏曆土鼠年（1828）的九月上旬。當時有位擅長看星相的僧人登門造訪，表示自己夢見這個孩子有很好的徵兆，並替他取名為「札西徹袞」（意為「吉祥長壽怙主」）。

---

1 森給宗（Sengye Zhong）位於今青海省海南藏族自治州與果洛藏族自治州之間，昔日隸屬囊謙王國。

札西徹袞年幼時也和其他牧農家的孩子一般，白天要上山去放牧犛牛。但由於過去生在「法」上的種種成就，他總是在遊戲之間就能自然地產生明空的覺受，只是當時年紀尚幼的他，並不知道那就是法性的真意。

囊謙的海拔平均超過四千公尺，山上經常會積雪。有一天，天氣特別寒冷，他在山上牧牛時，突然感到內心有一點淒涼，於是他以強烈的信心祈請蓮師父母尊，直到淚流滿面。忽然他見到有一片白雲從西方飄過，蓮師以化身的形象坐在雲端上，而他的心也安住在無分別念的狀態當中。如這般親見本尊、空行與護法的事蹟，在他童年時就經常發生。

儘管年幼的札西徹袞不時會自然流露出法性，但他也並非毫無貪、瞋之念，有時他也會對親友或怨敵生起煩惱心。不過，他總是能夠迅速轉念，並思惟因果無常。同時，他也擁有一顆善良的心，自幼就懂得要護生，甚至連微小的昆蟲也不會傷害。

那時，他每次只要看到修行人或醫生都會心生歡喜，並且打定主意，將來一定要成為修行人。因為他深知若不修行的話，最終就只會貪執親友、怨恨敵人，過著毫無意義的生活。

青藏高原的土地廣大遼闊，在那個交通不便的年代，從村落到村落經常要翻山越嶺，一趟路就要走好幾天，但年幼的札西徹袞卻不辭辛勞，經常跟隨父親四處去朝聖、領受法教。早期他所接觸的都是竹巴噶舉的大德，並曾在許多高僧大德座前領受過殊勝法教，包括第十四世大寶法王、大司徒仁波切等尊貴的上師們。然而，在他一生當中最重要的四位根本上師，依時序是第五世阿德

仁波切、確嘉多傑尊者（Chogyal Dorje Rinpoche）、噶瑪滇傑確佩祖古（Tulku Karma Denjee Chopel）與大伏藏師秋吉林巴。

啟蒙上師阿德仁波切

第五世阿德仁波切是第一世措尼仁波切早年最主要的上師之一。有一年夏天，年輕行者札西徹袞隨著父親到囊謙的首都噶爾（Gar），去晉見第廿五任囊謙王索南確佩（Sonam Chopel）。

囊謙自十二世紀中葉起直到近代，一直是西藏土司制度下的自治王國，由世襲的地方首領管理，範圍包括十八個內部落、廿五個外部落。在噶爾的皇宮裡，札西徹袞不僅見到當時的國王，也獲得了國師阿德仁波切的加持。「一直以來，我的寺院都有你們家族的人前來當僧人，希望你以後也可以在我的寺院出家。」初次見面，仁波切慈悲地摸著年輕行者的頭說道。

完成共與不共的前行

因著這樣的緣起，札西徹袞於藏曆土鼠年（1849）來到阿德仁波切的采久寺（Tsechu Monastery），他以堅定的出離心皈依三寶，並被賜予法名「昂旺措尼」（Ngawang Tsoknyi）。

其實在成為采久寺的僧人之前，年僅廿二歲的昂旺措尼，就已經在家鄉領受過一些關於大圓滿與大手印的甚深法教。大圓滿與大手印分別是寧瑪派與噶舉派的究竟法門，儘管兩者在名相上有些許差異，不過大圓滿心部的修持與大手印相同，宗旨都是在於了悟心性，因此許多成就者會並行修持。

儘管如此，猶如其他新進的僧人，昂旺措尼在進入寺院之後，依然是從基礎開始，修行之餘還要承擔挑水、煮飯等雜務。同時阿德仁波切也再三叮嚀，要他務必先完成共與不共的前行[2]，因為修行猶如蓋房子，必須要有穩固的根基。

在那段期間，昂旺措尼經常閉門苦修，思惟解脫的利益以及輪迴的過患，並配合「施受法」的方式做大禮拜。在呼氣的同時，「將自身的快樂給予他人」；在吸氣的同時，「代替一切眾生受苦」。由於他日以繼夜地精進，在短短一個月又七天裡，就完成了十萬遍的大禮拜！接著他又在不到兩個月的光景，就完成了消除蓋障的金剛薩埵觀修念誦。

照理說，此時昂旺措尼應該要繼續修持下一個加行——獻供曼達，然而他卻因籌不出供品而受阻，無法一鼓作氣地完成前行。

「獻供曼達」是藉由修持供養來累積福德資糧的方式，一般而言，即便供養不起珍寶，那麼至少也要有米或青稞來作為象徵。對於現代人來說，備辦這樣的供品或許沒什麼困難，然而，在昔日物資貧乏的年代，經常兩袖清風的昂旺措尼就連出家用品都無法備齊，哪裡還有餘力去籌備供品呢？

2　共同外前行是顯密共通的基礎法教，內容包括思惟「暇滿人身難得」、「死亡無常」、「業報因果」與「輪迴過患」的道理。不共內前行則是金剛乘善巧的修持方式，包括：累積十萬遍皈依發心的大禮拜、消除蓋障的金剛薩埵觀修念誦、累積福德資糧的「獻供曼達」，以及祈請上師的「上師瑜伽」等。不過，依據不同的傳承，修持的方式和順序也會略有不同。

昔日在西藏，想出家可不是隨便找個寺院就能成辦，僧人必須自己備齊三種法衣等出家的用品，才能夠接受剃度。因此，昂旺措尼剛到采久寺時，並未馬上接受剃度，而是過了一段時間，等到他備齊所有的用品之後，才正式出家，法號是「米滂洛滇」（Mipam Loden）。那時，他再度聽聞了大手印的正行引介，並對上師生起猶如親見佛陀般不退轉的信心。

又過了一段時間，昂旺措尼終於取得三藏升的青稞，於是他再度閉門精進，先後以兩個二十天的時間，分別完成了「獻供曼達」與「上師瑜伽」的修持，圓滿完成前行，並在夢中獲得加持等各種清淨夢境。

遇見具緣上師確嘉多傑尊者

昂旺措尼受戒出家不久之後，便遇見了修行生涯中另一位極為重要的根本上師。

某日，采久寺舉辦大法會，許多來自各地的瑜伽士都前來參加，昂旺措尼在法會上遇見持明者確嘉多傑，兩人一見如故。昂旺措尼很欽佩確嘉多傑尊者對於佛法的精闢見解，知道他是一位具量上師，因此向他請法。尊者也毫不猶豫地為他傳授勝樂金剛、金剛亥母的略軌，以及對於實相的甚深講解。

那段期間，昂旺措尼經常向確嘉多傑尊者請益，並且對他生起極大的信心。有一天，昂旺措尼俯下身以自己的頭去觸碰上師的腳，眼眶含淚，誠心地祈求自己也能夠如上師般獲得即身成就，並且現證果位。同時，他也祈願一切眾生皆能在蓮師與一切上師

面前成佛。

確嘉多傑尊者慈悲地對他說：「你不僅是具緣，更是具有願力的弟子。」爾後，尊者又再度賜予他大手印前行與正行的講解、「那洛六法」與屬於口耳傳承的三種寶法等殊勝法教，並指示他務必要如實修行。

大法會結束之後，有一天阿德仁波切問昂旺措尼：「你在法會上可有遇到確嘉多傑尊者？他可有為你傳法？」

「有的，仁波切。」昂旺措尼據實回答，他很驚訝阿德仁波切會特別問及此事。阿德仁波切於是告訴他，確嘉多傑尊者其實大有來頭，他不僅是竹千法王（Drukchen Rinpoche）、康祖法王（Khamtrul Rinpoche）、大寶法王等諸多大德的弟子，自身也是許多大德的轉世者，早已熟悉二次第，因此與密勒日巴尊者無別。有預言說，舉凡接觸過他的人都能獲得解脫，而昂旺措尼正是他的具緣弟子。

「所以從現在開始，你要再次領受『那洛六法』與口耳傳承的法教，並且熟悉『氣脈功法』等心氣無別的法門；你要執掌他的傳承，包括竹巴噶舉的總體法教與我的寺院。你要無私地去利益每位有緣的眾生，一定要保持一顆善良的心，不可以有無明或傲慢，要完全地安住在見地當中，不受任何外境、念頭的影響。」阿德仁波切流著淚對昂旺措尼說道。年輕僧人點頭承諾，一定會達成上師的指示。

不久之後，阿德仁波切的尊體開始抱恙，為了替上師祈福，昂旺

措尼入定在寂止中,並以左手的無名指燃指供佛,而包括第五世洽美仁波切在內的許多大德也前來祈請上師長久住世。雖然在那期間阿德仁波切有暫時好轉,不過最後他依然示寂了。在僧眾的誦經聲中,昂旺措尼再度為上師燃指供佛,這一次他燒的是右手的無名指。據說,當時阿德仁波切的棺木上浮現出金剛手菩薩、觀世音菩薩與度母的形象,而在昂旺措尼右手的無名指上也顯現了一個有小佛的明點。當天晚上,昂旺措尼夢見一座大橋,有無數的眾生從水中被救出。

「阿德仁波切已經原原本本、毫無遺漏地將『那洛六法』與『氣脈功法』傳授給你,猶如從寶瓶注入寶瓶般,所以你更加要精進修持。」確嘉多傑尊者如是對昂旺措尼說道。就在那個當下,昂旺措尼感覺尊者就猶如菩薩現前,於是誠心地對他頂禮。

修持「那洛六法」

爾後四年,昂旺措尼在缺乏物質資源的情況下進行閉關,他經常三餐不繼,有時身體甚至會虛弱到無力持氣。然而,每當在修行上遇到困境時,他總會憶念起過去許多大德也曾經歷違緣,即便是遇到生命危險,都不曾放棄修行。因此,他也作了相同的承諾,並時時祈請上師加持,讓他無論遭遇到任何瓶頸都能堅持下去。帶著這樣的虔敬心,他度過了一次又一次的難關,完成了許多實修,也多次親見本尊,並且領受到各種加持的授記。

「那洛六法」是昂旺措尼修持的主要法門之一,他精進修持了十三年,達到白天修持能夠讓「法」與「道」結為一體的拙火與幻身,晚上修持能夠往生淨土的中陰法門與「頗瓦法」,就連在睡夢中也

修持夢觀與光明的境界。後來，他的身體變得十分柔軟，即便是在冰天雪地裡打赤膊也不覺寒冷，因為他的七萬兩千脈已全部解開並契入中脈，流動於體內的各種氣也都轉化為智慧氣。

調伏自心，獲得成就

昂旺措尼與確嘉多傑尊者的因緣甚深，可以回溯到赤松德贊的年代，那時他們曾是王子兄弟。據說，確嘉多傑尊者也曾親見惹那林巴尊者的智慧身對他說：「昂旺措尼是我的『意』化身。」

確嘉多傑尊者本身亦是伏藏師第一世詠給明就多傑仁波切（Yongey Mingyur Dorje Rinpoche, 1628/41–1708）的化身，並曾圓滿七億遍的蓮花金剛咒。不過，他最殊勝的成就是從其自身所取出的伏藏法《藍威猛蓮師》與《白財神蓮師》。

在昂旺措尼閉關期間，確嘉多傑尊者曾前去為他傳法，並對他說：「其實你原本就是《藍威猛蓮師》與《白財神蓮師》的法主，如果你能如實閉關修持，必然能夠獲得無與倫比的成就，同時擁有許多財富、地位與弟子。」

然而，當時昂旺措尼一心只想要好好地修行，不曾想過要獲得什麼成就或地位。因此，他不假思索地以噶當派的修心精要「四依法」回覆尊者說：「我已經捨棄了今生；我的心依於法，法依於窮，窮依於死，死依於溝壑。」

確嘉多傑尊者聞言僅是淡淡一笑地說：「到時看著辦吧！」

爾後，昂旺措尼如實地依照上師的指示進行閉關，果然出現吉祥的徵兆。當他在修持《藍威猛蓮師》時，天龍八部[3]示現幻變，產生十八種偉大徵兆，附近的地神也前來護持。他以威猛蓮師的禪定攝受護法，令他們奉獻命咒，承諾為他守護弟子、法脈並且清除障礙。

不過，對於這樣的現象，昂旺措尼只是輕描淡寫地說：「其實所謂的八部鬼神，不過是心識的顯相。所以，只要能夠調伏八識，自然能夠調伏八部鬼神。」換句話說，只要能夠掌控自己的心，自然就能攝受一切現象。

另一方面，昂旺措尼修持《白財神蓮師》的閉關也很殊勝。在他進行修持時，本尊能夠毫無障礙地在他面前顯現。在那段期間，他也做了幾十萬遍的大禮拜以及「獻供曼達」，乃至有一回，關房的走廊竟流出許多酥油，讓他的衣服、食物和整個關房都變得油亮發光。

昂旺措尼認為這是吉祥的徵兆，並對他的弟子說：「由於我修持苦行的緣故，將來我的傳承弟子將不會產生衣食受用的障礙。」

此時，昂旺措尼在修持上已經有極高的成就，他已經達到在白天能夠攝受人，以及夜間能夠攝受鬼神，並且自然就能聚集衣、食等物資的境界，日後也真如同確嘉多傑尊者所預言，利益了無數有形與無形的弟子。然而，每當有人問起關於他調伏鬼神的事蹟

---

[3] 天龍八部包括天、龍、阿修羅、夜叉、迦樓羅、緊那羅、乾闥婆與摩呼羅迦。

時，他總是淡淡地說：「有這回事嗎？應該沒有吧！」

多年以後，當其恩師確嘉多傑尊者示寂時，昂旺措尼看見虛空中籠罩著五色虹光，而尊者戴著蓮花帽的法相顯現在藍光之中。

領受惹那林巴伏藏法

昂旺措尼在修行上的成就，早年是奠基於竹巴噶舉派的法教，後來在他清除了絕大部分蓋障之後，憶起自己的前世曾為大伏藏師惹那林巴。由於昂旺措尼是惹那林巴的「意」化身，因此確嘉多傑尊者囑咐他務必要到坐落於瀾滄江以西、海拔約四千二百公尺處的袞波寺（Gonpo Monestary），去找他的累世具緣上師噶瑪滇傑確佩祖古，領受完整的惹那林巴伏藏法。

袞波寺本身是一座噶瑪噶舉派（Karma Kagyu）的寺院，但噶瑪滇傑確佩祖古是大圓滿成就者無垢友尊者的化身，並且精通惹那林巴伏藏法。這場拜會成為昂旺措尼修行生涯中極為重要的轉捩點，因為大圓滿的法教講究上師相應，從累世具緣上師處領受法教，能夠引發宿緣，讓證悟迅速發生。

在弟弟索旺的陪同下，昂旺措尼兄弟倆踏上殊勝的求法之旅。據說，他們在前往袞波寺的途中，經過濟堆的一條河流，昂旺措尼在河流的漩渦裡撿到一塊黑色的石頭，上面有白色的日月紋路。他們抵達袞波寺之後，昂旺措尼將石頭獻給噶瑪滇傑確佩祖古，祖古十分歡喜地對他說：「這真是一個好緣起，它代表金剛乘外、內、密完全解脫的意義。」

昂旺措尼在裒波寺居住了一段時間，祖古依照他的請求，傳授以惹那林巴伏藏法廿一個壇城為主的灌頂、口傳與竅訣，包括《最精華總攝意修》（*Tukdrup Yangning Dueba*，音「圖祝揚寧讀巴」）等，以及其他殊勝法教。

在獲得完整的惹那林巴伏藏法之後，昂旺措尼返回囊謙閉關，並開啟《最精華總攝意修》的壇城。這個壇城的主尊是海生金剛蓮師，周圍圍繞著八種名號的蓮師。昂旺措尼謹慎地做了外、內、密的結界，並以七年的時間安住在「三身上師修持」的禪定之中，毫無散亂地完成了閉關，於生起次第與圓滿次第均獲得自在。就在這段期間，他完全地憶起過去世的種種，原來他早在千百萬年前就已經是證悟者，為了利益眾生，不斷地乘願再來。

秘密主金剛手菩薩在第一世措尼仁波切的年代有五個化身。措尼仁波切是金剛手菩薩的「身」化身，而他在過去無數的轉世裡，也曾轉世為蓮師二十五大弟子之一的朗卓昆秋炯涅與大伏藏師惹那林巴等。

由於第一世措尼仁波切原本就是惹那林巴伏藏法的法主，並已透過實修清除蓋障，所以當他在修持《最精華總攝意修》時，法本中所記載的成就金剛身幻輪，不僅清晰地顯現在他心中，惹那林巴的智慧身也再再地出現於他的淨觀之中，親自為他解說五種秘密身與幻輪等，並賜予他法名「貝瑪直美偉瑟」。而伊喜措嘉與天上、地上、地下的三地空行們，也猶如解密般地直接為他傳法，並做為他修行道上的伴侶。

綜觀第一世措尼仁波切的修行歷程與佛行事業的發展，可以說他

是源自於竹巴噶舉的寺院，並成就於寧瑪派惹那林巴的伏藏法。儘管在他修持竹巴噶舉的法教時就已經獲得許多成就，也清淨了大部分的蓋障，然而，他是在修持《最精華總攝意修》時才徹底證悟，並取出意伏藏。惹那林巴伏藏法從此成為他修行的核心，逐漸發展出今日的措尼傳承。

猶如祖古烏金仁波切曾說，噶舉、寧瑪就如兩條交匯的河流，像第一世措尼仁波切這般在噶舉傳承裡以修持寧瑪派法教為主的例子，還包括大成就者恰美仁波切，以及在利美（不分教派）運動中彙編五大藏的蔣貢康楚仁波切（Jamgon Kongtrul Rinpoche, 1813–1899）等。

與秋吉林巴尊者互為師徒

第一世措尼仁波切除了擁有完整的惹那林巴伏藏法，同時也持有部分的秋吉林巴伏藏法。秋吉林巴、蔣揚欽哲旺波（Jamyang Khyentse Wangpo, 1820–1892）、蔣貢康楚這三位大成就者是十九世紀利美運動的核心人物，他們與措尼仁波切都是同一個世代的人，四人的關係亦師亦友。措尼仁波切曾分別在他們三人座前領受法教，其中同為惹那林巴伏藏法法主的蔣貢康楚仁波切，更曾傳予他《最精華總攝意修》的五次第，並稱他為「成就自在者竹旺措尼」。然而，措尼仁波切與秋吉林巴尊者的連結更加深厚。

根據第一世措尼仁波切的傳記，秋吉林巴伏藏法共有十位根本法主、廿五位清淨具器者、三十位殊勝成就者、三百位執掌事業能力者與一千位行事不固定的調伏眾生者，而第一世措尼仁波切就

是廿五位清淨具器者之一。

措尼仁波切與秋吉林巴尊者這兩位大成就者的年齡相仿，並且互為師徒，但主要還是以秋吉林巴尊者為師。他們年輕時，都曾是采久寺的僧人，當時秋吉林巴尚未取出伏藏，不過，阿德仁波切知道他將來必定會成為一位偉大的伏藏師，並將他介紹給昂旺措尼。

某天夜晚，昂旺措尼夢見他在一群人中等著晉見蓮師，就在此時，秋吉林巴起身為大家做《蓮花生大士禱文七品》（*Le'u Dünma*，音「琉敦瑪」）的灌頂，那是蓮師在離開西藏之前親自宣說的祈請文，具有廣大而迅速的加持力。

因此，當下昂旺措尼便將秋吉林巴觀想為蓮師，只見尊者以蓮花坐安住在虛空中，並寫下一個白色的「ཨཿ」（音「啊」）字。當輪到昂旺措尼接受灌頂之時，秋吉林巴將經函給他，而他就在那個瞬間淚流滿面地醒過來。從那一刻起，昂旺措尼便視秋吉林巴為上師，並開始跟隨他習法。後來第一世措尼仁波切也經常跟隨大伏藏師到藏地各處去朝聖、修法、閉關，並多次在尊者座前領受包括大圓滿甚深密意等殊勝法教。

在土馬年（1858）的秋天，秋吉林巴尊者在噶瑪山生了一場大病，當時正在閉關中的措尼仁波切在尊者的侍者敦請下秘密往返，為尊者祈福修法。後來尊者告訴親信，當時如果不是因為措尼仁波切，他恐怕無法安然度過這次的違緣。

又有一回，秋吉林巴尊者要第一世措尼仁波切為他傳授《普賢心髓》伏藏法。其實《普賢心髓》是尊者自己取出的「新伏

藏」[4]，然而他為了要消除違緣障礙，希望第一世措尼仁波切能為他灌頂與灑淨。措尼一世聞言，驚恐地說：「尊貴上師所賜予的灌頂與水，怎麼能夠逆流？」

然而，尊者卻說：「我們都是在蓮師面前領受法教，所以無妨。」並且堅持要措尼仁波切為他灌頂。這也說明了尊者很看重措尼仁波切，所以才會互為師徒，在對方座前領受法教。

某日，他們結伴到位於桑耶寺上方的青浦（Chimpu）去朝聖修法，該處是蓮師與伊喜措嘉佛母的聖地。當他們來到給屋寺（Gyeu Gonpa）時，大伏藏師對措尼仁波切說：「從前有一世你曾是位王子[5]。有一回，蓮師在附近的洞窟賜予《大圓滿引介》，當他在迎請本尊降臨加持時，岩壁上浮現了五方佛的種子字，你找個時間去看看吧！」

後來第一世措尼仁波切果真找到了那個洞窟，並且看到浮現在岩壁上的五方佛種子字。當下他猶如見到熟人一般，覺醒了大圓滿「立斷」與「頓超」的見地，達到法性光明的境界，因此能夠自在地弘揚大圓滿。

在秋吉林巴尊者住世的最後階段，第一世措尼仁波切曾盡心盡力地侍奉他。當時尊者做了許多預言夢，包括第一世措尼仁波切將成為囊謙國師等，隨後也果真應驗。後來尊者示寂，第一世措尼

4　大部分的伏藏師所取出的伏藏，是關於前譯密續的法教，然而秋吉林巴尊者亦取出了新譯密續的伏藏，故稱「新伏藏」。

5　即赤松德贊次子穆尼贊普。

仁波切不僅供養了興建佛塔所需的寶石，並且與尊者家人維持良好的關係。尊者的佛母德千確尊（Sangyum Dechen Chodron）曾邀請他去為她傳法，而他也曾向尊者的兒子策旺諾布仁波切（Tsewang Norbu Rinpoche, 1856–1915/6）領受秋吉林巴伏藏法的灌頂與口傳。

噶舉派皇室裡的寧瑪派寺院

從第一世措尼仁波切求法的過程中，我們看到上師與的弟子之間堅定不移的信任。如同他的上師毫無保留地將殊勝法教傳授給他，他也背負起延續法脈的重任，在囊謙地區為具緣弟子傳法。

他最早的一位弟子是贊林札巴堪布（Khenpo Zamring Drapa）。當他還在采久寺裡擔任戒律師昆措確竹的侍者時，贊林札巴堪布前來向他請法。從那時起，就經常有人會來向他請法，不過，他的利生事業則是從藏曆土羊年（1859）才開始蓬勃發展。

第一世措尼仁波切傳法一向親力親為，他會依照弟子的根器傳法，從最基礎的斷菸酒、行十善、四轉心，乃至甚深的本尊閉關、大圓滿、大手印等殊勝法教，都一一傳授。不過，他那時的穿著已不再是出家的三衣，而是密乘咒士的紅白法衣，因為在密法的修持中有分解脫道與方便道，而他主要修持的是方便道。

他曾被許多護法、上師授記為禁行行者，必須依止事業手印（納佛母），因為具有空行性相的佛母可以幫助他打通氣脈、成就事業。就連蓮師的佛母伊喜措嘉也曾入夢指引，要他前往西南方去

尋找惹那林巴的佛母轉世。這種修持的方式是極少數具足根性與因緣的瑜伽士才能修持，大部分的修行人還是要依循持守戒律的解脫道。

隨著弟子日益增多，身為惹那林巴伏藏法主的第一世措尼仁波切，想在囊謙建立一座以修持寧瑪派法教為主的寺院。然而，十九世紀的囊謙王國是以竹巴噶舉為主，而采久寺又隸屬皇室，所以若要成立不同傳承的寺院，必須經過國王的許可。不過，由於囊謙皇室很尊重措尼仁波切，再加上阿德仁波切的全力支持，國王也欣然同意讓他建寺。

為女性開拓一條修行路

女性缺乏修行的機會

在建寺之初，第一世措尼仁波切的弟子都是男眾，因為在那個年代，藏地婦女的地位很低，寺院自然也是以男性修行者為主，女性即使想要修行，也往往不得其門而入。

在父權社會的體系下，昔日藏地普遍盛行「一夫多妻」，不過也有少數地區允許「一妻多夫」。這樣的風俗，乍聽之下好像「男女平權」，但這種文化的形成並非出自於「平權」，而是現實的經濟考量。對於生活清苦、工作粗重繁瑣的牧農家而言，家裡多一個人就能多一雙手幫忙。尤其在偏遠的康區，如果兄弟共娶一妻，其中一人就可以出外經商，留一人在家牧農，也不會有分家的問題。所以，即便同時擁有許多丈夫，女性的地位也不會因此而提

升，反而只是更加忙碌，唯一的保障是不會寡居。

「所謂的兩性平權，是男女雙方都有選擇的權利。然而，昔日婦女對於自己的婚姻並無選擇權，無論是『一夫多妻』或『一妻多夫』，都是遵從家人的安排。」現任的措尼仁波切指出。

過去藏地的婦女除了要照顧家庭，還要幫忙務農，做得好是理所當然，做不好的話，如果遇到脾氣不好的伴侶，還可能因而受到責罰。第一世措尼仁波切從小就從任勞任怨的母親身上，看到當時社會對於女性的種種不公，雖然母親篤信佛法，卻毫無修行的機會。他想起在佛陀時代，也有許多女性成就阿羅漢的果位，在菩提道上本就無男、女之分，女性所缺乏的是同等的機會與待遇，因此萌生興建尼寺的念頭。

原本措尼仁波切想將這件事託付給心子之一的昂旺格雷，但當時昂旺格雷年事已高，他擔憂自己無法勝任，因此不敢答應。有天晚上，仁波切的另一位心子倉央嘉措做了一個夢，夢見護法要他在一個有砂礫的地方建寺。由於這樣的緣起，興建尼寺的工作就自然而然地落在倉央嘉措的身上了。

利益如沙礫般無量的眾生

起初，倉央嘉措並不想承接這個任務，因為他想如當時的大成就者巴楚仁波切（Patrul Rinpoche, 1808–1887）般，做一位雲遊僧人，並以大禮拜的方式四處去朝聖，他最大的心願就是能夠即身成佛。然而，當他對上師表達這樣的想法時，措尼仁波切卻對他說：「就算你因為苦行而磨破皮又如何？那樣就能利益眾生嗎？

你不是受了菩薩戒，立誓要利益一切眾生嗎？既然如此，你就應該要興建尼寺、傳授法教，如此才能真正利益眾生。你的成就，將會來自於因為你的法教而成就的女性。」

如是，在第一世措尼仁波切的託付下，倉央嘉措在家族一塊有沙礫的土地上興建了給恰寺大樂菩提法洲，寺名是由阿德仁波切所賜予。在那個年代，興建尼寺並非易事，起初措尼仁波切師徒二人必須動用家族的力量來支撐，因此，早年給恰林也有許多位阿尼是來自於他們的家族。

至於為何要選擇有沙礫的土地來建寺呢？因為沙礫象徵措尼師徒利益的尼眾將猶如沙礫般無量無數，這也是為何在措尼傳承近百座的寺院裡，只有五座是僧院而其餘皆為尼寺的原因。這些寺院大多位於康區，但也有一些在衛藏，其中有六十二座是以修持惹那林巴的伏藏法為主。不過，由於措尼傳承同時擁有寧瑪與噶舉的法脈，因此也有弟子修持竹巴噶舉的法教。

「惹那林巴伏藏法大致可分為前、中、後三個弘揚時期，前期是惹那林巴師徒，中期是恰美仁波切、伏藏師明就多傑、蔣貢康楚仁波切，而後期則是第一世措尼仁波切、第一世倉央嘉措仁波切。儘管措尼一世的傳承不是唯一的惹那林巴伏藏法法主，但是他們持有最完整的惹那林巴伏藏法，因為第一世措尼仁波切與第一世倉央嘉措仁波切不僅完整地蒐集了過去所流傳下來的惹那林巴伏藏法，而且他們都曾取出延伸法教的意伏藏。時至今日，無論是在囊謙或尼泊爾，給恰林在實修方面依然是以惹那林巴的廿五個伏藏法為主。」來自囊謙並任教於尼泊爾措尼給恰林的昆秋

帕滇堪布如是說道。

對此，現任的措尼仁波切補充道：「首先，大家要瞭解，惹那林巴伏藏法的傳承不曾中斷，這點很重要。不過，由於第一世措尼仁波切將其法教融會貫通，並且靈活運用了他所取出的意伏藏以及自身修持的體悟，因此才會形成今日所謂的『措尼傳承』。」

在著作方面，措尼仁波切留下了關於《藍威猛蓮師》、《白財神蓮師》、《三類措嘉儀軌》等殊勝法教的備註與解說文等。據說，他在書寫時，眼前會浮現象徵空行的「ཧཱུྃ」（音「杭」）字。因為某日他在寺院裡，感覺到自心與一切現象融合為一，許多空行現前將文稿塞在他的嘴裡。自此之後，他就能即興書寫出心中所想的法教。

名師出高徒

身為囊謙國師的第一世措尼仁波切桃李滿天下，知名的弟子除了興建給恰林的倉央嘉措仁波切之外，還包括多滇夏迦師利（Togden Shakya Shri, 1853–1919）、第六世康祖仁波切滇貝尼瑪（Tenpe Nyima, 1849–1907）與第六世阿德仁波切等。

夏迦師利尊者是一位偉大的具證瑜伽士，藏語稱為「多滇」（Togden）。他年輕時，曾在寺院裡負責不起眼的茶水雜務，因而被同修輕視。有一回，大家要去聽聞措尼仁波切說法，夏迦師利也跟著前去，卻被其他僧人阻止。然而，措尼仁波切知道夏迦師利將來必定會是一位了不起的修行者，因此不僅讓他聽聞法教，

還成為指引他「那洛六法」的主要上師。

夏迦師利尊者的另一位根本上師——第六世康祖仁波切,亦是第一世措尼仁波切的弟子。如同措尼仁波切,第六世康祖仁波切也來自囊謙,儘管其法座在昌都[6]的康巴噶寺（Khampagar Monestary），但措尼仁波切亦是他的根本上師之一。

措尼仁波切與康祖仁波切的師徒關係,是藏傳佛教師徒轉世交替傳承的例子。第一世措尼仁波切是第六世康祖仁波切的上師,而第二世措尼仁波切是由第六世康祖仁波切所認證。因此之故,在七十多年後,第三世措尼仁波切被帶到印度札西炯（Tashi Jong）第八世康祖仁波切敦舉尼瑪（Dongyu Nyima, 1931–1980）座前學習。

第一世措尼仁波切在

▎年少時的第三世措尼仁波切（中）在位於北印札西炯的康巴噶寺接受祖古訓練。與康祖仁波切（後排左一）、頂果欽哲仁波切（後排左二）以及金剛師兄們合影。（圖片提供：Tenzin Choegyal）

---

6 昌都傳統上屬於康區,是康巴文化的發祥地之一,現今位於西藏自治區東部。

興建給恰林之後，致力於培育尼眾，因此理當也有傑出的女性弟子，可惜過去關於女性修行者的文獻記載並不多，我們僅知道有位名為「多傑帕嫫」（Dorje Palmo）的瑜伽女亦是他的主要弟子之一。在本書第七章〈拙火成就的女性修行者〉中，我們將會介紹一些囊謙給恰林近代的具證阿尼。

總之，第一世措尼仁波切培育了近代許多舉足輕重的大成就者。在他圓寂之前已示現病相，因此，有時他會請其兩位心子給竹確究（Kedrub Chogyur）與昂給多傑羌（Ngake Dorje Chan）替他為前來請法的人說法，而昂給多傑羌也成為他的侍者，直到他示寂。

當時有弟子請教，在上師的心意受攝入法界之後，他們該如何繼續傳予甚深法教？仁波切回答：「外在行儀必須符合別解脫戒，不要貪執於世間的顯相，不要在乎壽命的長短。跟隨善士的腳步，對上師須具足如同對佛一般的確信，以大乘的發心結合空性與悲心的修持，任何對我有虔敬心的人與我不會有任何剎那的分離。」

同時，他也指示他的心子們：「勝者的法教是為利益眾生而流傳，因此，無論是短暫或長久利益眾生的佛行事業，都要不計時間地去完成，並請盡力攝受與我心意無別的傳承弟子。」

猶如第一世措尼仁波切自身所預言，他是在心與明光融合的禪定──「圖當」（藏tukdam）──中坐化，並持續入定在這種「本淨立斷」的狀態中約莫兩週的時間，火化後燒出許多如同戒指般大小的舍利子。

── 第四章 ──

乘願再來
延續法教傳承的第二世措尼仁波切

> 第二世措尼仁波切是上個世紀的大成就者,
> 他承襲了第一世措尼仁波切的一切法教與佛行事業,
> 重視女性的佛法教育,
> 每年會定期到給恰寺去為尼眾灌頂、傳法。

重視女性的佛法教育

「我已經成就長壽持明,所以沒有生死,但依於弟子不同的境界,我也有不同的顯現,特別是與具緣弟子沒有聚散。」在第一世措尼仁波切圓寂前曾如此對弟子說道。為了利益眾生,他的佛行事業將生生世世地延續下去。

在第廿七世囊謙國王敦珠拉嘉(Dudjom Laja)的敦請下,第一世措尼仁波切允諾將繼續引領囊謙的眾生。如是在藏曆水蛇年(1893),國王迎來了一子,被第六世康祖仁波切認證為第一世措尼仁波切的轉世,並於木羊年(1895)在采久寺陞座。

第二世措尼仁波切是一位受具足戒的僧人,他在廿五歲之前,大部分的時間都在聞、思、修佛法。主要上師包括第六世康祖仁波

切、第六世阿德仁波切與第八世竹巴穹恭仁波切（Drukpa Choegon Rinpoche VIII）等上世紀舉足輕重的竹巴噶舉上師。

同時，第二世措尼仁波切也承襲了第一世措尼仁波切的一切法教與佛行事業，繼續在囊謙地區弘揚佛法，培育出許多傑出的在家行者與出家僧眾。如同第一世措尼仁波切，第二世措尼仁波切也很重視女性的佛法教育，每年他都會定期到給恰寺去為尼眾灌頂、傳法，而在尼寺的首任住持第一世倉央嘉措仁波切圓寂之後，他也曾代為管理過寺院。

▎第二世措尼仁波切承襲前世的悲願，繼續在囊謙利益具緣的眾生。
（圖片提供：昆秋帕滇堪布）

第二世措尼仁波切是上個世紀的大成就者，至少在約莫一甲子以前，囊謙給恰寺都還有他的身影，關於他的記憶也依然存在於老一輩的阿尼心中。然而不知何故，有關他生平的記載並不多見，只能從措尼給恰林的資料與阿德仁波切的傳記等文獻中略知一二。對此，昆秋帕滇堪布表示，也許因著王子的身分，一般人對於第二世措尼仁波切不能隨意著墨，但他也因此有更多資源可以利益眾生。

據說第二世措尼仁波切自四十六歲起便長年閉關，直到1950年代，隨著藏地局勢的動盪，他也因故展開逃亡。關於他晚年的波折，記錄在第八世阿德仁波切（1931-2007）的自傳裡。

無常的示現

第八世阿德仁波切是第二世措尼仁波切的主要弟子之一。他們的師徒關係緣起於第五世阿德仁波切是第一世措尼仁波切的上師，自此之後，他們的轉世互為師徒。

因此，儘管第八世阿德仁波切本身是竹巴噶舉傳承主要持有者之一，但他亦在第二世措尼仁波切座前領受了以敏卓林、惹那林巴、秋吉林巴等傳承為主的寧瑪派甚深心法、念誦儀軌、生起次第、圓滿次第等總體與零散的法教。換句話說，他也承襲了完整的措尼傳承法教，並且在多年之後，再度將這些殊勝法教原原本本地傳承給現任的措尼仁波切。

二十世紀中葉的藏地風雨飄搖，隨著時局日益緊張，當時還是弱

冠年華的阿德仁波切準備逃亡，而年近六旬的第二世措尼仁波切在得知之後，決定和他們一起離開囊謙。起初國王再三地挽留他們，但是他們去意已決，於是在皇后的建議之下，他們以拜訪功德主為藉口掩人耳目，自此展開一段漫長的逃亡生涯。

關於他們逃亡的艱辛歷程，在《束縛中的自由：阿德仁波切不凡的一生與教導》（眾生文化，2019）一書裡有詳細的記載，在此就不再多述。總之，他們一路艱辛，在躲過了一次又一次的追緝之後，最終還是在兩年後的某一天被逮捕。

當時，他們在一座天寒地凍的雪山上，茫茫白雪積得很深，因此年邁的第二世措尼仁波幾乎寸步難行，一路上被逮捕他們的士兵們用槍托推著前進，顛簸地走下山。

到了山腳下之後，也不知何故，只有第二世措尼仁波切是被個別放在馬背上載走，阿德仁波切從此之後再也沒有見過他。據說，他在1960年於獄中圓寂。

第五章

植根海外
尼泊爾建寺的第三世措尼仁波切

> 第三世措尼仁波切延續前兩世措尼仁波切的佛行事業，
> 在尼泊爾興建措尼給恰林。
> 如今的措尼給恰林發展為佛法與現代教育兼具的尼寺社區，
> 並且培育出許多傑出的阿尼。

烏金仁波切與努日的因緣

在第二世措尼仁波切圓寂六年之後，一名日後將被認證為其轉世的小祖古降生於比鄰西藏的尼泊爾。關於第三世措尼仁波切的故事，要從他的父親祖古烏金仁波切與蓮師秘境努日（Nubri）的因緣說起。

大成就者祖古烏金仁波切是大伏藏師秋吉林巴的曾外孫，他和前兩世的措尼仁波切同樣都是來自囊謙。上世紀中葉是一個動盪的年代，隨著囊謙時局的轉變，祖古烏金仁波切於1961年輾轉來到尼泊爾。翌年，他在第十六世大寶法王指示下，前往隱藏於喜瑪拉雅山區的蓮師秘境努日，去主持億遍蓮師心咒法會。

坐落於世界第八高峰馬納斯盧峰（Manaslu）山麓的努日山谷，位

處尼泊爾與西藏自治區的邊界,歷史上曾經是貢塘王朝[1]的一部分。後來西藏與尼泊爾兩地爆發戰爭,努日也在十九世紀中葉被併入尼泊爾版圖。時至今日,大部分的居民依然是藏人的後裔。

相傳在八世紀時,蓮師曾經造訪過努日,當時他為了利益後世眾生,並使赤松德贊的子嗣延綿不絕,在該處存封了許多珍貴的伏藏。在吐蕃王國瓦解之後,赤松德贊有一支血脈來到努日定居。

措尼仁波切(左後)出身於佛法世家,父親是祖古烏金仁波切(中),弟弟是明就仁波切(左前),母親(右)的娘家是藏王赤松德贊的後代。(圖片提供:Michael Kunkel)

---

1 在吐蕃王國分裂時期,成立於中藏芒域一帶的小王朝,其統治時期長達六百年。

祖古烏金仁波切來到努日之後，認識了當地德高望重的老喇嘛札西多傑仁波切（Lama Tashi Dorje Rinpoche, 1919–2017），而這位當地人口中的「札西多傑爺爺」，正是赤松德贊的後裔。後來祖古烏金仁波切迎娶了他的女兒索南確尊（Sonam Chodron），並且生下兩個兒子，即現在的措尼仁波切與明就仁波切。

外公喚醒本質愛

1966年的藏曆3月，當尼泊爾正是春意盎然之際，祖古烏金仁波切家也傳出喜訊，一位名為「究美多傑」（Jurme Dorje）的男嬰平安出世。這個孩子雖然出生於加德滿都，不過由於其外公喇嘛札西多傑仁波切習慣家鄉努日那種樸實的山村生活，因此他的童年就猶如候鳥般，夏天會和母親的家人居住在與世無爭的喜馬拉雅山區，冬天則會下山到位於加德滿都以北的納吉尼寺（Nagi Nunnery），與父親祖古烏金仁波切團聚。

自有記憶以來，年幼的究美多傑就是如此年復一年地往返努日與加德滿都兩地之間。對他而言，翻山越嶺是家常便飯，然而對多數人來說，這樣的旅程並非易事。

那時，札西多傑仁波切祖孫三人居住在海拔約三千多公尺高的小村落桑瑪（Sama，亦稱「桑瑪岡」〔Samagaun〕），該處雪山環繞，道路崎嶇陡峭，迄今尚無車輛可以直達的公路，只能靠雙腳步行與驢隊馱運貨物。昔日入山，即便是以當地人的腳程，至少也要走上九天左右，而且沿途都是懸崖峭壁，一不小心就會有墜谷的生命危險。而今雖然有部分路段已在修繕，但入山也仍需步

行五至七天左右才能抵達。

在如此與世隔絕的山谷裡，努日當地的房子迄今依然是傳統藏區農牧家的兩層石木屋，家畜住在一樓，主人住在二樓。他們每天日出而作、日落而息，夏天到田裡去耕種或到山上去放牧氂牛，到了冬天就在家裡準備過年。村民們世代信奉佛教，家家都有佛堂，許多老修行者更是時時念珠、轉經輪從不離手。

幼年時的究美多傑非常好動，每當外公坐在院子裡靜靜打坐時，他就會在外公面前跑來跑去，一會兒坐進他的懷裡，一會兒又跑出去玩，而外公總是安詳地靜坐持咒，任由他跳上跳下，毫不受影響。稚年的究美多傑雖然不瞭解何謂「禪修」，不過他從外公身上所感受到的安定與慈悲，激發起他內在的本質愛[2]，也成為他日後教導「微細身」的根基。

受證為第三世措尼祖古

在究美多傑八歲那一年，有一天他偶然聽到母親和外公在廚房裡討論著關於他的事。原來，他的父親收到一封來自第十六世大寶法王的信，信中提到他被認證為第三世措尼祖古昂旺措尼嘉措（Ngawang Tsoknyi Gyatso）。

「祖古」一詞在藏語裡意指「化身」，大寶法王的來信即表示他被認證為前世措尼仁波切乘願再來的轉世者。對於不瞭解藏傳佛

---

[2] 本質愛是每個人與生俱來根本的愛，是不依賴任何外在條件的內在幸福感。

教的人而言,也許會認為這種轉世的傳統很不可思議,不過身為藏人,年幼的措尼仁波切對於這個制度並不陌生。其實早在他被認證之前,家中就已經有兩位同父異母的哥哥——確吉尼瑪仁波切與慈克秋林仁波切(Tsikey Chokling Rinpoche, 1953–2020)被認證為祖古。所以,當他得知自己的「身分」時,並無特別的感覺,甚至一點都不期待。當時的他絲毫都不想和兩位哥哥一樣被送到遙遠的寺院去接受教育,他只想要留在努日山林裡爬樹玩耍,過著逍遙自在的日子。

兩年之後,祖古烏金仁波切又收到了一封信,這一次是來自第八世康祖仁波切。第六世康祖仁波切是第一世措尼仁波切的弟子、第二世措尼仁波切的上師,因著前世的因緣,他希望這一世的措尼仁波切能到他的寺院——位於北印札西炯(Tashi Jong)的康巴噶寺,去接受祖古的訓練。直到這一刻,措尼仁波切才真正感覺到身為祖古的壓力。因為在此之前,他不曾接受過正規教育,所以雖然會說藏語卻不識字,而且他也從未離開家人,突然之間他卻要遠赴印度去讀書,這一切的轉變讓他感到忐忑不安。

然而,該來的終究躲不過,畢竟伴隨著「祖古」這個頭銜而來的,不是只有表面上的光環,還有弘揚佛法的使命。因此,在他十二歲那年的歲末,他還是被送往札西炯去學習。

朝禮佛陀、蓮師的聖地

「札西炯」一詞在藏語裡意指「吉祥地」,它坐落於印度北部喜馬偕爾邦(Himachal Pradesh)的坎格拉谷(Kangra Valley)裡,距

離具有「小拉薩」之稱的達蘭薩拉（Dharamsala）東南約四十九公里，最近的城市是以茶葉聞名的帕拉姆普爾（Palampur）。

依山而建的康巴噶寺，是由措尼仁波切的上師第八世康祖法王所建立，他不僅是二十世紀的大成就者之一，也是知名的學者與藝術家。

康巴噶寺的祖寺位於西康昌都，然而在二十世紀中葉，隨著藏地時局的轉變，為了讓法教得以長存，1958年第八世康祖法王帶領十六名僧侶和轉世祖古輾轉來到印度。起初，他們旅居在印度東北部的噶倫堡（Kalimpong），後來在國際救援組織的經濟支援下，才於1968年遷徙到札西炯——傳說中的文殊聖土。

印度與尼泊爾雖然在地理上是鄰居，不過昔日的交通不便，許多路況崎嶇難行，從坐落在喜馬拉雅山脈的努日到札西炯是一段漫長的旅程。當時年少的措尼仁波切是在外公札西多傑仁波切的陪同下，先從努日徒步九天下山到加德滿都後，再搭車前往位於尼、印邊境的藍毗尼（Lumbini），沿途一邊朝聖一邊前往目的地。

坐落在尼泊爾南部德賴平原（Terai plains）上的藍毗尼，是佛陀曾經踏過的足跡裡，唯一落在今日印度境外的聖地。不過，當年該處是位於古印度迦毗羅衛國與藍摩國（Ramagama）之間的一座美麗花園，而他就是在母親回娘家待產的途中降世於此。這段歷史被記載在孔雀王朝（Mauryan Empire，西元前約322–184年）的阿育王石柱上。

藍毗尼是年輕的措尼仁波切生平造訪的第一個佛陀聖地，從這裡他們祖孫二人跨境來到印度，並轉搭火車前往位於北印的德拉敦（Dehradun），去造訪寧瑪派六大寺院之一的敏卓林寺。

在敏卓林寺，措尼仁波切巧遇兩位兄長。原來，當時頂果欽哲仁波切正好受邀來此傳法，確吉尼瑪仁波切與慈克秋林仁波切也前來上課。因此，措尼仁波切不僅有機會與大家一起聞法，兄弟們還得以小聚。數日之後，當措尼仁波切祖孫二人準備再度啟程時，剛好這個為期半年的課程有個短暫的假期，因此他的兩位兄長與確吉尼瑪仁波切的秘書南卓嘉措（Namdro Gyatso），便陪同他們一同前往措貝瑪（Tso Pema）朝聖。

位於喜馬偕爾邦的措貝瑪，意即「蓮花湖」，印度人稱之為「拉瓦爾薩爾湖」（Rewalsar Lake），此處是《蓮師傳》裡沙霍國王火燒蓮師卻反被調伏的舞台。

話說當年蓮師來到沙霍國時，篤信佛教的曼達拉娃公主（Mandarava）為了追隨蓮師習法而抗婚。國王一怒之下，便下令燒死蓮師，未料大火延燒了七天七夜，原本的草原化為一片湖泊，蓮師毫髮無傷地坐在湖中央的蓮花上。國王在見證了這般的神蹟之後，對蓮師肅然起敬，從此全國上下皈依佛教。

康祖法王為第三世措尼祖古陞座

就在這個殊勝的蓮師聖地，措尼仁波切和兩位兄長再度分道揚鑣，哥哥們返回敏卓林寺上課，但留下了南卓嘉措陪同措尼祖孫

繼續前往札西炯。他們抵達的那天，時逢藏曆12月25日——歲末的最後一個空行母日，下午寺院正好在修法。從山上遠遠傳來的筒欽樂聲，彷彿在迎接措尼仁波切的到來，一路上雖然陽光遍照，卻下著綿綿的吉祥雨。

「回想起來，我覺得這個巧合非常殊勝，因為寺院只知道我們要去，但不知道我們哪一天會到達，就連我們自己也不知道。」措尼仁波切表示，在過去那個交通不便的年代，長途旅程的通暢與否取決於很多條件，很難預料抵達的時間。

從努日到札西炯的旅程是措尼仁波切難忘的記憶，因為這趟旅程裡有他人生中的許多第一次：第一次離開尼泊爾，第一次搭火車，第一次到印度，第一次沿途遊歷聖地。當然，那也是他第一次見到傳說中的康祖仁波切。

藏曆年後，康祖法王為措尼仁波切舉辦陞座儀式。法座象徵祖古弘法的權力，因此從他登上法座的那一刻起，他也正式成為眾人眼裡的第三世措尼仁波切。儘管當時的他其實連藏文都還不太會閱讀，內心更是充滿對於未知的不安。

由於措尼仁波切的家庭背景，讓他自幼便有機會跟隨家人接觸許多高僧大德、聽聞佛法，甚至曾在第十六世大寶法王座前領受過涵蓋噶舉派一切殊勝密法的《噶舉密咒藏》（*Kagyu Ngagdzo*）。不過，他是在進入康巴噶寺的佛學院之後，才正式開始接受佛學教育，而康祖仁波切做為他的第一位根本上師，為他傳授了皈依發心、菩提心、本尊等身為佛教徒必備的基礎法教。

那時，年約四旬的康祖仁波切正值壯年，他身形高大，眉宇之間散發出一種王者的風範，而舉止之間又流露著無盡慈悲，是位既慈祥又不失威嚴的上師。措尼仁波切還記得當時康祖仁波切正在擴建寺院，有許多佛像需要裝臟，有時到了下午三點，康祖仁波切會遣人請他去幫忙裝臟。那是措尼仁波切最期待的時刻，因為他既可以和上師相處，又可以不用讀書。

不過因著種種因緣，康祖仁波切在四十九歲的英年就圓寂於不丹的教學之旅，當時措尼仁波切也隨行在那趟旅途中。

祖古烏金仁波切授予心性指引

儘管比起許多師徒，措尼仁波切與康祖仁波切相處的時間並不算長，但康祖仁波切為他種下了聞法的種子。在那段期間，措尼仁波切也經常跟隨受邀至各地傳法的上師聞法遊歷，留下許多美好的回憶。

在康祖仁波切圓寂的前一年，他帶著當時年僅十四歲的措尼仁波切，以及寺院的祖古、瑜伽士與資深僧眾一同前往尼泊爾各地朝聖修法。雖然尼泊爾是措尼仁波切的故鄉，但有許多聖地他也未曾去過，因此，這趟旅行對他而言自是意義非凡。然而，當時他並不知道，在旅途結束之後還有更具意義的收穫在等著他。

在旅途的尾聲，他們師徒若干人來到位於加德滿都谷西南方的帕平（Pharping）。帕平是極為殊勝的蓮師聖地，相傳蓮師在入藏之前，曾於下方的揚烈雪洞（Yanglesho Cave）與上方的阿修羅洞

（Asura Cave，又稱「上揚烈雪洞」）降魔閉關，許多修行人因而會前往朝聖。當時康祖仁波切要在此閉關兩週，而措尼仁波切也利用這段時間向上師告假，返回納吉尼寺去探望父親。

身為祖古烏金仁波切的兒子，措尼仁波切自幼便在耳濡目染下接觸佛法，父親對他而言一直是亦父亦師的存在。過去他看過父親為許多人灌頂傳法，但卻從未正式對他說法，只是有時會給予一些「法」上的建言。然而，在這一次的會面裡，祖古烏金仁波切首度毫無保留地為他指引心性。那一日的情景，措尼仁波切迄今依然歷歷在目。

▎大成就者祖古烏金仁波切對措尼仁波切影響深遠，是亦父亦師的存在。（圖片提供：美國芬陀利迦佛學會）

那日傍晚，措尼仁波切在祖古烏金仁波切的房間裡，夕陽的金紅色餘暉從窗外斜照入房內。祖古烏金仁波切溫和地對他說：「打開你的一切感知，僅僅去覺知那種開放的感覺，不要去排斥或評斷任何的現象，任由一切發生或沒發生。」

在那一瞬間，措尼仁波切瞥見了無有二元對立、毫無造作的明空。當下他隨即明白，這就是覺性——每個人本具的佛性，同時也是父親給他的珍貴禮物。

自此之後，每年佛學院放暑假時，措尼仁波切都回尼泊爾向祖古烏金仁波請法，除了大圓滿的法教，他也領受了秋吉林巴尊者的「新伏藏」。這些法教與他有著甚深的連結，一方面是因為他在血脈上是秋吉林巴尊者的後裔，另一方面是做為措尼祖古的轉世，他原本就擁有部分的法教，因為尊者與第一世措尼仁波切互為師徒。

頂果欽哲法王傳授「新伏藏」

其實祖古烏金仁波並非第一位授予措尼仁波切「新伏藏」的上師，他最初的領受是在頂果欽哲仁波切座前。頂果欽哲仁波切是措尼仁波切年少時的另一位主要上師。幼年在尼泊爾時，因著家族的淵源，措尼仁波切有時會在不同的場域裡遇見頂果欽哲仁波切，並曾在他座前領受秋吉林巴尊者「新伏藏」的灌頂與口傳。不過，當時他年紀尚幼，只是跟隨家人前往，因此並未留下深刻的印象。

當他在敏卓林寺時，也只是因緣際會聽聞了幾天的法教，而第一次正式在法王座前領受甚深法教，則是在康祖仁波切圓寂的那一年。當時，康祖仁波切的大體被送回札西炯荼毗，而頂果欽哲仁波切也前來參加大典，並受邀至佛學院指導禪修。那段期間，措尼仁波切第一次真正有機會與頂果欽哲仁波切面對面地交談，法王對他而言，其存在就彷彿蓮師親自顯現在眼前一般。

「頂果欽哲仁波切是位非常特別的上師，他的身形十分高大，猶如一座山，在他面前自然就會感到平靜而無畏。」措尼仁波切回憶起當時的情景說道：「法王有一種自然就能夠引領眾生的攝受力，令人不由自主地尊敬他，但他從不會對任何人疾言厲色。只要有他在的地方，無論是與他獨處或在人群當中，無論他是在講經、傳法或禪修，都會令人感到無比安心。」

自此之後，措尼仁波切每年暑假回尼泊爾，都會向頂果欽哲仁波切請法，在法王座前領受了許多珍貴的法教、灌頂等。

阿德仁波切傳授措尼傳承的法教

在措尼仁波切廿一歲那年，他收到一封來自囊謙王與第八世阿德仁波切的來信，希望仁波切能到囊謙去見他們。

第八世阿德仁波切是當代竹巴噶舉最偉大的上師之一，也是第二世措尼仁波切的重要弟子。在上世紀中葉，他們在逃離藏地的途中遭到逮捕，從此阿德仁波切身陷囹圄長達十五年。但艱苦的牢獄生活不僅未擊垮他，反而讓他對佛法的信念更加堅定。

當時集中營裡也有其他如阿德仁波切這般的大德臥虎藏龍，他們雖然受到嚴密的監控，卻依然能在大型集會中認出彼此，並且暗中進行傳法。不見天日的牢房只能囚禁看似實有的肉身，卻束縛不了自由的心。在那五千多個日子裡，阿德仁波切以慈悲的心懷，將一切苦難都視為轉機並化為修法的喜樂。

回歸心靈的故鄉

藏傳佛教的法脈傳承，是由上師與其心子在累世中互為師徒傳法而得延續，因此，阿德仁波切希望措尼仁波切能夠到囊謙去學習。當時措尼仁波切仍是康巴噶寺佛學院的學生，不過因著他們的業力連結，佛學院毫無異議地同意讓措尼仁波切請假前往。不僅如此，院方與第九世康祖仁波切甚至還給了措尼仁波切一項大任務——他們寫了邀請函讓措尼仁波切帶去囊謙，要他在返回印度時務必邀請阿德仁波切一起前來傳法。如是，在父親祖古烏金仁波切的鼓勵與康巴噶寺的祝福下，措尼仁波切於1986年踏上了前往囊謙的旅程。

那時，年輕的措尼仁波切認為所有的上師都應該如大寶法王、頂果欽哲仁波切或康祖仁波切那般身形偉岸，一眼便能令人折服。因此，當他第一次見到阿德仁波切時，對於眼前這位個頭不高、說話謙卑的上師曾閃過一絲問號：「他真的是那位備受眾人尊崇的阿德仁波切嗎？」

然而，在共處的過程中，上師的慈悲攝受，讓他深切感受到自己有多渺小，而上師有多巨大。那時他才明白，原來真正的力量不是在於形象，而是發自內心的堅定。

在囊謙的那段期間,他們師徒二人除了造訪當地各處的措尼傳承寺院,也經常騎馬到車子無法抵達的聖地去朝聖修法。

囊謙既是前兩世措尼仁波切的故鄉,亦是祖古烏金仁波切的家鄉。因此,當地人對於措尼仁波切的到來都滿心歡喜,雖然是初次見面,卻倍感親切,彷彿是許久未見的家人般。尤其是在給恰林,當時還有

措尼仁波切在囊謙的期間,經常與其上師阿德仁波切騎馬去朝聖。(圖片提供:美國芬陀利迦佛學會)

許多老阿尼是第二世措尼仁波切的弟子,因此,仁波切的到來對她們而言意義非凡,更讓仁波切有一種回歸心靈故鄉的感覺。

喚醒與前兩世措尼仁波切的連結

在此之前,第三世措尼祖古對於前兩世措尼仁波切的認識,主要是來自於法脈上的連結,然而這一次,他實際走訪了許多他們曾經留下的足跡。例如:第一世措尼仁波切曾經坐在上面傳法的那塊大石頭,以及曾經閉關證悟的小關房,還有後來興建的新關房;又或者第二世措尼仁波切原本所建的大寺院遺址,如今僅剩

一面斷牆等等。而這一切的一切，都讓他與前世的連結更加深厚，也因此萌生想為囊謙做些什麼的念頭。

「我來到給恰林之後，就覺得這裡需要許多支援。可是當時我還在就讀佛學院，並無任何的團體組織，也無承辦寺院的經驗，只是覺得自己有責任與義務讓措尼傳承的法脈延續下去。」措尼仁波切回憶地說道。那段期間他經常跟隨阿德仁波切四處走訪，在囊謙推廣佛行事業，這趟旅程不僅喚醒了他與前兩世措尼仁波切的連結，並且種下日後培育尼眾的種子。

措尼仁波切在囊謙旅居了約莫一年半的時間，在旅途的尾聲，阿德仁波切接受了康巴噶寺的邀約，隨他一同返回尼泊爾，並前往印度朝聖傳法。當時阿德仁波切在札西炯旅居了半年，並且教授了竹巴噶舉的完整法教。

阿德仁波切（右）在第二世措尼仁波切座前領受措尼法教，並傳承給現任的措尼仁波切（左）。（圖為阿德仁波切受邀至尼泊爾傳法時的合影。圖片提供：Tenzin Choegyal）

第五章　植根海外──尼泊爾建寺的第三世措尼仁波切

多年以後,當措尼仁波切已是光明寺的住持時,曾再度邀請阿德仁波切到尼泊爾傳法。那一次,阿德仁波切也授予許多竹巴噶舉的甚深法教,特別是關於「大手印」的法教。

推動「竹巴噶舉傳承計畫」

那段期間,他們師徒二人還共同擔負起重新彙編竹巴噶舉傳承主要經典的重任。在文革之後,有許多經論遭到毀損,雖然有些經論被帶到印度,但並不完整。身為竹巴噶舉的法主,阿德仁波切具有權威亦有能力整理出完整的傳承法教目錄。因此,措尼仁波切與其他許多仁波切參與了這項彙編經論的「竹巴噶舉傳承計畫」,運用他們的資源組成一個優秀的編輯團隊。

這是一項工程浩大的挑戰,因為有許多經論取得不易,甚至已經嚴重受損。團隊花費了許多時間與人力從世界各地收集經論,阿德仁波切也花了一年左右的時間在光明寺整理目錄,並確認彙編的順序、內容等。在團隊的努力下,他們圓滿完成一百零八函,並印製了五百套送往世界各地的竹巴噶舉寺院與中心。

另一方面,措尼仁波切在上師仍住世的期間,前後共造訪了囊謙六次,並且在上師座前領受完整的措尼傳承法教,包括《惹那林巴全集》與「那洛六法」的口傳與灌頂等。儘管措尼仁波切過去也曾領受過「那洛六法」,不過能從阿德仁波切座前再度領受此法意義非凡。因為阿德仁波切不僅是當代最具威望的「那洛六法」實修者之一,更主要的是他所承襲的法源即源自於第一世措尼仁波切。當年第一世措尼仁波切將此法傳授給多滇夏迦師利尊者,而尊者又將此法傳給其弟子,再傳給阿德仁波切。因此,措

尼仁波切所領受的「那洛六法」,在法源上也是來自措尼傳承。

對於措尼仁波切而言,阿德仁波切是極為重要的上師,他最近一次造訪囊謙是在2015年參加第九世阿德仁波切的陞座典禮。

學佛重點在於實修

時光回到措尼仁波切從囊謙重返康巴噶寺完成學業的那段期間。在求學的過程中,發現僧伽生活有太多繁瑣的規範,並不適合喜歡與人互動的他。同時他也逐漸體悟到「不依世俗諦,不悟勝義諦」的道理,如果連世俗諦都無法了悟,要如何了悟勝義諦呢?儘管世間萬法的本質為空,但只要我們還在輪迴海中流轉,就必須尊重世俗諦的顯相,藉由世俗諦來瞭解勝義諦。唯有在兩者之間共舞,生起真正的菩提心,才能自由地運用法教來利益芸芸眾生。

因此,在他廿三歲的那一年,措尼仁波切毅然捨棄當年進入康巴噶寺時所領受的出家戒,僅保留在家戒,成為一個可以結婚生子的在家祖古。

「雖然我捨棄了比丘的身分,但我依然有佛法,我所學的不會因此而消失,出家也不是修行唯一的方式。」措尼仁波切表示,出家的優勢是生活簡單,以及有比較多的時間與機會可以專注在修行上,然而,重點還是在於是否能如法地實修。因此,只要能夠把握機會好好地修行,在家人也可以成為很好的瑜伽士。

其實在藏傳佛教的傳統裡，原本就存在著這種在家上師，例如第一世措尼仁波切、祖古烏金仁波切、頂果欽哲仁波切等近代大成就者，他們也都是在家瑜伽士，世俗生活絲毫不影響他們在法道上的證量。然而，要下定如此的決心並不容易，畢竟措尼仁波切出生在一個名聲響亮的修行人世家，他的一舉一動都備受關注，也難免會引人非議。所幸，他的上師們，包含他的父親祖古烏金仁波切在內，都能理解他的決定，並且給予他最大的鼓勵與支持。其中頂果欽哲仁波切更間接地為他開啟了另一扇大門，讓他意外踏上教學之路。

為外國人解說法教

在措尼仁波切捨棄出家戒不久之後，他前往位於恆河流域印度比哈爾邦（Bihar）南部的菩提迦耶（Bodhgaya），領受頂果欽哲仁波切的教導。

菩提迦耶是佛陀成道的殊勝聖地，自古以來就被許多佛教徒視為一生必訪的聖地之一。相傳西元前三世紀，孔雀王朝的阿育王曾在此興建佛塔，也就是今日菩提迦耶的地標正覺大塔（又稱「摩訶菩提寺」〔Mahabodhi Temple〕）的前身。現在的佛塔，是在歷經種種天災人禍後，於十九世紀重新修建。

而昔日悉達多太子曾立下大誓「若不成佛，不離此座」的那棵菩提樹，就位於大塔的後方。不過精確地來說，現在的這棵樹其實是當年的那棵菩提樹的分支。原本的那棵菩提樹也如佛塔一般，曾經隨著歲月而凋零。直到1870年佛塔修復後，才又從西元前三

世紀被阿育王之女僧伽蜜多（Sanghamitta）長老尼分支移植到斯里蘭卡的菩提樹，再度分支回到原生地栽種。

在佛塔附近，還有許多由世界各地的佛教徒所興建的國際寺院，當時頂果欽哲仁波切與措尼仁波切都住在附近的一座西藏寺院裡，每天下午法王都會在大殿裡灌頂傳法。

某日措尼仁波切在散步時，有一位外國人喚住了他，外國人請求仁波切為他與其朋友解釋法王灌頂的內容。仁波切請他們早上八點到掛單的寺院去找他，第一天來了約莫八、九個人，當時仁波切的英文尚不流利，所幸剛好現場有位澳洲人大衛自薦幫忙翻譯，大家對於仁波切的講解也很滿意，於是他們再度請求仁波切隔日繼續為他們講解。

仁波切同意了，沒想到隔天竟來了三十個人。如此每天前來聞法的人愈來愈多，人數也暴增至一百多人。對此意外的盛況，仁波切感到些許不妥，畢竟主法者是頂果欽哲法王，他原本只是想幫助這些外國學生，沒想到會聚集這麼多人，彷彿他在私下授課似的，因此他便停止了。

某日，措尼仁波切在大殿外恭候頂果欽哲法王駕臨時，有位身形高大的美國人上前詢問他是否願意去美國教學，因為他的團體要邀請紐修堪仁波切（Nyoshul Khen Rinpoche, 1932–1999）去傳法，需要一名助教。在請示過祖古烏金仁波切後，他覺得這是一個千載難逢的好機會，因為過去雖然托家族之福，曾與紐修堪仁波切有過數面之緣，卻一直無機會領受法教，正好可以利用這個機會跟仁波切習法。

受學於紐修堪仁波切

領受「立斷」與「頓超」的大圓滿法教

來自東藏德噶地區的紐修堪仁波切，是大圓滿口耳傳承的持有者。他擁有全知龍欽饒絳尊者（Longchen Rabjampa, 1308–1364）與蓮師的法教，同時也精通「龍欽心髓」等寧瑪派法教。

1959年，紐修堪仁波切在西藏時局的變動下來到印度，並且過了多年雲遊僧人的生活。不過在1970年代，由於他的健康亮起紅燈，因此搬到不丹居住，晚年又因健康因素赴瑞士就醫並旅居法國。那段期間，他經常在歐洲各地弘法，有時也會受邀到美國教學。

這一回，紐修堪仁波切受邀至紐約伍德斯托克（Woodstock）的小鎮傳法，與當時擔任助教的措尼仁波切住處相近。因此，接下來的幾個月，紐修堪仁波切經常在授課之餘私下為措尼仁波切傳法，兩人也成為關係緊密的師徒。措尼仁波切從上師身上看到原來生活可以如此簡單，無為之中有著充實，他的大圓滿修持也因此更進一竿。

自此之後，措尼仁波切經常與上師保持聯繫，繼續在紐修堪仁波切座前領受殊勝的大圓滿法教，直到1999年上師圓寂。他們最後一次的正式授課是在不丹，當時措尼仁波切受邀至紐修堪仁波切家中一個月去領受「頓超」的法教。大圓滿的法教核心可分為「立斷」與「頓超」，措尼仁波切起初是在紐約向紐修勘仁波切領受「立斷」的法教，爾後幾年繼續在各地圓滿課程，而「頓

超」的法教則是在不丹的那一個月裡密集圓滿。

設立「芬陀利迦佛學會」

除了在法上的精進，措尼仁波切與紐修堪仁波切之間的業力連結，也為他開啟了海外弘法的大門。儘管在來紐約教學之前，措尼仁波切也曾赴阿根廷與馬來西亞傳法，不過當時他所傳的內容都偏向基礎的法教，也不曾認真地想過要發展佛行事業，因為大多時間他都是專注在自身的學習與實修上。

然而，在擔任紐修堪仁波切助教的那幾個月，他以傳統中帶著開放的教學方式解說大圓滿甚深密法，深深獲得學員的共鳴。因此，他們希望能夠成立一個組織，長期邀請仁波切到美國傳法。

當時措尼仁波切很欣賞竹巴噶舉第四世嘉旺竹巴法王貝瑪噶波（H.H. Gyalwang Drukpa Rinpoche Pema Karpo, 1527–1592）的佛學著作，而「貝瑪噶波」在藏語裡意指「白蓮花」，是佛法重要的象徵。因為出淤泥而不染的蓮花，就猶如菩薩在充滿煩惱的輪迴中，依然能夠生起慈悲與智慧。因此，仁波切建議以「白蓮花」的梵語「puṇḍarīka」（音「芬陀利迦」）為名，設立「芬陀利迦佛學會」（Pundarika Foundation），以作為海外團體的名稱。如是，於1993年成立了「美國芬陀利迦佛學會」（Pundarika Foundation U.S.）。

自此之後，仁波切的海外弟子愈來愈多，芬陀利迦佛學會的運作模式也迅速擴展至亞洲、歐洲各地，而「台灣芬陀利迦佛學會」也在2013年開始運作。

第一部　源流──為女性播下學佛的種子

▎措尼仁波切來台傳法的緣起，是2012年受明就仁波切之託前來傳法。自此之後，每年應邀來台，並成立「台灣芬陀利迦佛學會」。（圖片提供：台灣芬陀利迦佛學會）

堪千南卓仁波切傳授「七寶藏」

從一位來自喜馬拉雅偏鄉的小男孩到國際知名的佛法大師，雖然頂著「祖古」光環，措尼仁波切自身也不曾停止學習。一直以來，他的心不曾與根本上師們分離，不過如今唯一仍住世的上師是堪千南卓仁波切（Khenchen Nandro Rinpoche, 1953- ）。

「堪千」意即「大堪布」，堪千南卓仁波切不僅是南卓林寺（Namdroling Monastery）被第三世貝諾法王陞座的首席堪布之一，同時也是吉美彭措法王（H.H. Jigme Phuntsok Rinpoche, 1933–2004）的主要弟子之一。

全名「南卓慈林」（Namdrol Tsering）的堪千南卓仁波切出生於藏地，他在七歲的那一年來到南印度的拜拉庫比（Bylakuppe）。年幼時主要跟隨紐修堪仁波切、堪布堪竹（Khenpo Khedrub）等上師學習，後來又到錫金拜投堪布尊局仁波切（Khenpo Tsondru Rinpoche）為師。

1978年，年少的南卓慈林在貝諾法王的期望下，與堪布尊局仁波切一同返回南卓林寺創立前譯寧瑪學院（Ngagyur Nyingma Institute），並於1983年陞座為堪布。爾後，他到康區色達與吉美彭措法王習法，領受了許多寧瑪派殊勝的法教。1988年，堪千南卓仁波切在貝諾法王的指導下，於尼泊爾的帕平建立了白玉閉關中心禪定光明洲（Palyul Retreat Center of Samten Osel Ling）。自此以後，他除了在印度、尼泊爾任教，也經常受邀到海外傳法。

飽讀經論的堪千南卓仁波切擅長逐字解說法義，尤其是對於龍欽

饒絳尊者的「七寶藏」(藏Dzodun)[3]，他花了多年的時間精研書中的每句引文，並能清楚解釋其出處與含意。措尼仁波切第一次聽聞堪千的法教是在2011年，當時堪千在美國加州教授「七寶藏」之《詞義寶藏論》。措尼仁波切對於堪千的學問早有耳聞，已經擁有豐富實修經驗的他，想要從哲理的角度來理解大圓滿的法教。然而，在他實際上了堪千的課程之後，才發現原來堪千不僅

▍堪千南卓仁波切（右）是措尼仁波切（左）的主要上師之一，他無論是在學術或實修方面都極有成就，尤其擅長解說「七寶藏」。
（攝影：Tenzin Choegyal）

---

3 「七寶藏」(藏Dzodun)是指《法界寶藏論》、《實相寶藏論》、《如意寶藏論》、《竅訣寶藏論》、《宗派寶藏論》、《勝乘寶藏論》與《詞義寶藏論》等七論，此七論囊括了顯密一切佛法。

是底蘊深厚的學者,更是證量高深的行者,當下對他生起無比的信心。

「有許多行者雖然知道如何修持,卻不一定能夠徹底理解法本的句義,就如會開車的人不一定懂機械,而堪千南卓仁波切就猶如擁有良好的開車技術又擅長機械的人。」措尼仁波切表示,堪千南卓仁波切無論是在學術或實修方面的成就都十分令人敬佩。過去十多年來他不曾中斷地跟隨著他習法,領受過包括「七寶藏」的《法界寶藏論》與《大圓勝慧》等殊勝法教。

延續前兩世措尼仁波切的悲願

另一方面,措尼仁波切在尼泊爾的佛行事業,也如荼如火地在進行。仁波切原本是光明寺的住持,然而在前世的業力牽引下,他決定延續前兩世措尼仁波切的佛行事業,在尼泊爾興建措尼給恰林。多年來,在仁波切的慈悲引領下,措尼給恰林也從原本的一座小殿堂,發展成一個佛法與現代教育兼具的全方位尼寺社區,並且培育出許多傑出的阿尼。

自第一世措尼仁波切發願興建尼寺的那一刻起,措尼傳承便與女性修行者結下不解之緣。囊謙給恰林是藏地近代極為重要的一座尼寺,在十九世紀為女性修行者帶來一道曙光,並且成就了許多具證瑜伽女。

然而,她們的故事並未廣傳,一方面是因為囊謙給恰林的許多尼眾終其一生都在閉關,鮮少有機會與外界接觸。另一方面,是因

▎措尼給恰林是藏地之外兩個修持措尼傳承的道場之一。（圖為措尼仁波切與尼眾一起做食子。攝影：Tenzin Choegyal）

為藏地長久以來根深柢固的男尊女卑的觀念，以至於昔日除非如伊喜措嘉佛母這種即使受人惡意中傷也難掩其光芒的女上師，否則很難青史留名。儘管藏傳佛教自蓮師時代以來，就不乏具證瑜伽女，但她們的修行之路卻往往比男性更加艱辛。

措尼仁波切一向主張修行不受性別的限制，也一直很希望具證瑜伽女的故事，無論是來自任何傳承，都能夠讓世人聞見。這也是他為何會延續前兩世措尼仁波切的悲願，且不遺餘力地栽培尼眾的原因。

瑜伽女在漫漫佛教史裡到底扮演過什麼角色？她們又經歷過何種

挑戰與淬鍊？她們的地位有何重要性？在進入措尼仁波切建寺的故事之前，首先要來一窺藏地歷代具有代表性的女性成就者，以及囊謙給恰林近代的具證瑜伽女，藉此我們將更加瞭解第三世措尼仁波切培育尼眾的悲願。

第五章　植根海外——尼泊爾建寺的第三世措尼仁波切

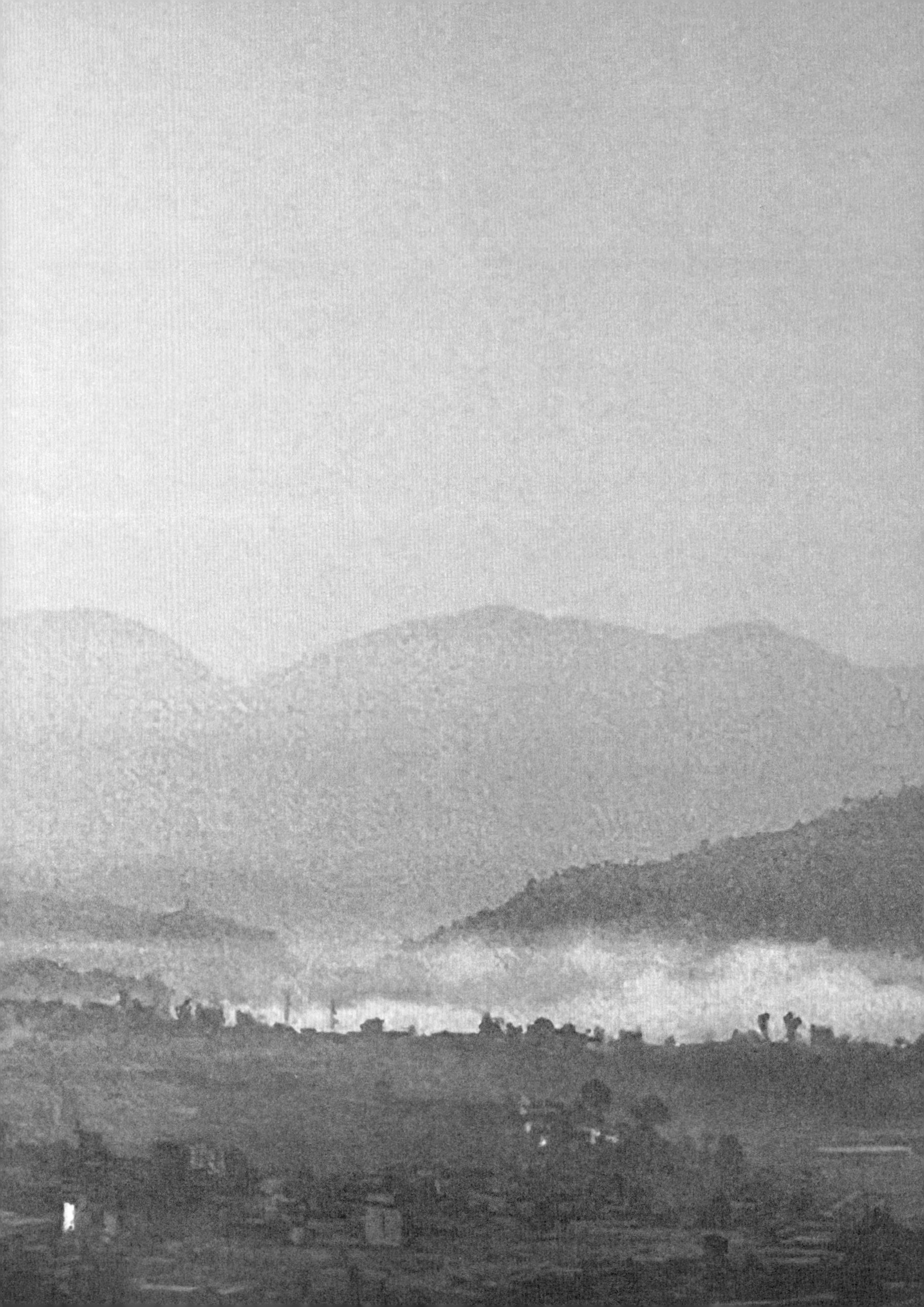

第二部 綻放

不枉女身的具證瑜伽女

就精神層面而言,
女性的成就確實可以超越世俗的框架。
歷史上也有許多以女身證悟的成就者,
她們不僅自身具有高深的證量,
更是許多修行人的導師。

第六章
以女相示現慈悲與智慧

{ 諸佛菩薩以大悲心指引眾生解脫之道,對象不分男女。
諸佛菩薩本身也無性別,
是因著眾生的分別念,
才會以不同形象的化身來度化具緣的眾生。 }

致力培育尼眾的揩尼傳承

山崗上的金頂佛塔,在陽光的照射下格外閃耀輝煌,四面的彩繪佛眼居高臨下地凝視著摩肩接踵的人群。那裡有身穿白袍的印度教祭司、披著紅袍的佛教僧侶,以及來自世界各地的信眾與遊客,還有一群調皮搗蛋的野猴在佛塔上跳上跳下。

尼泊爾有三座著名的大佛塔,位於加德滿都以西的斯瓦揚布納特佛塔(Swayambhunath Stupa,意譯為「自生塔」)就是其中之一。因為相傳在遠古時代,當地原本是一片湖泊,後來在湖中央的白色蓮花上長出了一個手肘般大小的水晶自生塔,後人擔心這個神奇的殊勝珍寶會被破壞,於是加建了一座大佛塔來保護原本的自生塔。

斯瓦揚布納特佛塔一帶原是一片樹林，因此有許多野猴招呼著來自各地的朝聖者與遊客。
（攝影：Tenzin Choegyal）

在往後的漫漫歲月裡，斯瓦揚布納特佛塔見證了歷史朝代的興衰更迭，也經歷了天災人禍的毀壞與重建。時序來到現代，這裡既是佛教徒與印度教徒共同的聖地，亦是遊客口中的「猴廟」，此暱稱即是來自於那群愛搶鏡頭的野猴們。這些猴子來自何處？據說昔日這一帶原為森林，藏人稱之為「帕帕欣昆」（藏Phakpa Shingkün），意即「神聖樹林」。

來自囊謙給恰林的阿尼

1993年底，佛塔附近出現了五名不尋常的朝聖者，她們從青海的囊謙經由拉薩，翻越神聖的岡仁波齊雪山，跋山涉水來到加德滿都。在她們的心目中，有一個比佛塔還要殊勝的聖地——位於佛塔對面山頂上的光明寺，因為那裡居住著她們的傳承上師措尼仁波切。

藏傳佛教很注重傳承上師，尤其是在以實修聞名的囊謙給恰林，「憶念上師」更是一門重要的法門。因此，給恰林的尼眾無論是

否見過傳承上師,只要提到揩尼仁波切都會肅然起敬。

囊謙給恰林自十九世紀建寺以來,就一直是藏地東部最主要的寧瑪派尼寺,該寺的尼師各個皆有深厚的實修背景。儘管在時代的動盪下,給恰林也曾一度荒廢。然而,偏僻的地理位置反而讓囊謙在改革開放的經濟發展下,尚能保有完整的文化傳承,給恰林也得以延續傳承。

不過,在現代化的過程中,基於各種現實條件與義務教育的普及化,現在願意讓女兒出家學佛的人已經不比從前。畢竟高原的畜牧生活原本就需要靠大量的人力來維持,而這幾位阿尼也是因為受到現實生活的限制才會背井離鄉,不遠千里而來。

長久以來,在父權社會的結構下,女性的求法過程往往走得比男性更加艱辛。但是比起前人,這幾位來自囊謙的阿尼可說十分幸運,因為揩尼傳承素來有培育尼眾的傳統,她們深知只要能夠抵達尼泊爾,揩尼仁波切必然會幫助她們。

證悟不分性別與貴賤

其實諸佛菩薩以大悲之心指引我們解脫之道,對象自然不分男女老少、富貴貧賤,是我們的無明導致如此的區分。而諸佛菩薩本身也無性別,是因著眾生的分別念,才會以不同形象的化身來度化具緣的眾生。

在金剛乘裡,女相象徵智慧,以女相示現的佛母、空行、菩薩不勝枚舉,深受西藏民間愛戴的綠度母就是其中之一。關於綠度母

的傳說有兩種,一說她是由大悲觀音的眼淚所化現,一說她原是古印度一位精進向佛的公主。無論如何,她的悲願之一就是在輪迴未空之前,要以女相度化一切有情。因為她察覺到女身的苦難比男身更多,或許是以女相示現,更能體現大慈大悲的願力,因此在漢地,也有觀音由男相轉為女相的例子。

所以,女性是否能證悟?除了有示現女相的菩薩為先例,早在二千五百多年前,佛陀也給了答案。在他住世時,就應允姨母摩訶波闍波提瞿曇彌(Mahāprajāpatī Gautamī,大愛道瞿曇彌)帶領五百名釋迦族女出家受戒,而建立了比丘尼僧團。

根據佛經記載,當時在佛陀的弟子當中,亦不乏女性證悟者,例如人稱「摩登伽女」(意即「賤民〔梵Mātaṅga〕之女」)的缽吉蒂(Prakṛti)。她起初是因為貪戀阿難(Ananda)尊者的俊俏容貌而接近僧團,卻因此被佛陀間接引入佛門,並在佛陀的引領之下,了悟到自己的迷戀乃是六根不淨所致,自此誠心懺悔,潛心修行。

然而,在當時種姓階級分明的封建印度,摩登伽女的出家造成軒然大波。許多人對佛陀竟然允許身分低賤的首陀羅種姓女子加入神聖的僧團,皆感到不滿,來自各界的輿論抨擊甚至驚動到波斯匿王。國王原本想要勸說佛陀順應社會觀感,然而,佛陀不為所動地對他說:「出家之人並無種姓之別,度化眾生也無貴賤之分。只要具備善根並有心學佛,任何眾生都有可能證悟。」

後來,摩登伽女果然不負佛陀所望,以自身的精進與慧根證實佛法之前眾生平等,甚至比阿難尊者更早一步證悟!

復興比丘尼傳統的漫漫長路

藏地是否曾有比丘尼僧團？

不可否認地，當年佛陀在提倡「眾生平等」的同時，也並非絲毫未顧慮到當時保守的社會風氣。所以，比丘尼僧團的成立是在比丘僧團之後，而她們所持守的戒律也遠遠多於比丘。不過，這其中有部分是因為男、女性在生理結構上的不同，在封建的體系下女性處於弱勢，因此戒律可說是對修行的保護。

無論如何，就精神層面而言，女性的成就確實可以超越世俗的框架。歷史上也有許多如同摩登伽女般，以女身證悟的成就者，她們不僅自身具有高深的證量，更是許多修行人的導師。例如，迄今仍廣為流傳的觀音齋戒——「紐涅」（Nyungne），就是由九世紀的女性成就者吉祥比丘尼（Gelongma Palmo）所傳。

吉祥比丘尼原為古印度烏仗那國（Oddiyana）的拉克什米（Lakshimi）公主，但她為了修持佛法毅然離開皇宮而出家為尼。然而好景不常，她不幸染上痲瘋病。在那個年代，具有傳染力的痲瘋病無藥可醫，原本備受當地尊重的吉祥比丘尼因而被趕出寺院，眾人皆避之唯恐不及，不論走到哪裡都被驅趕。

儘管如此，吉祥比丘尼對佛法的信念依然不曾退轉，並不斷地祈請觀音菩薩加持。後來在七位空行母的協助下，她來到一座紅觀音寺[1]，並在此修持齋戒，直到她戰勝四魔並親見千手觀音，也

---

[1] 現今位於尼泊爾奏巴山谷的阿南達迪·洛克希瓦爾寺（Anandadi Lokeshwar）的前身，現為佛教與印度教的寺院。

▌吉祥比丘尼曾因罹患痲瘋病而被眾人唾棄,但她依著自身對於觀音菩薩的強烈信心,修持齋戒而證悟。這幅唐卡描述著她的生平故事。(繪圖:Bella Wilshire)

因此傳下了「紐涅」。

關於女性修行者在佛法上的成就，於許多經典裡都有著墨。只是長久以來在男尊女卑的社會結構裡，女性的成就無論多高超或影響多深遠，彷彿也僅僅只是被視為個案而受到尊重，對於女性總體地位與修行環境的提升，直到近代似乎並無太大的改善。尤其是在藏地，就連是否曾經存在過受具足戒的比丘尼僧團，迄今都仍有爭議，更遑論戒律是如何失傳了。

關於藏傳尼眾的歷史文獻寥寥無幾，據說最早的紀錄還是出自漢文的「敦煌文獻」[2]。其中提到在八世紀桑耶寺成立之後，前往拉薩傳法的漢僧摩訶衍堪布（Khenpo Mahayana）[3]曾授予三十名貴族婦女皈依戒，其中就包括赤松德贊的王妃。

至於這是否能證明西藏確立過比丘尼僧團，各界對此看法不一。不過，即便是曾經成立，最終也應該未能延續下來，因為她們當初所領受的戒律，理論上應是漢傳佛教的「四分律」。然而，隨著摩訶衍堪布因辯經落敗而離開拉薩，該傳承自然也就隨之凋零。現在藏傳佛教採用的戒律，是依據寂護大師所傳入的「根本說一切有部律」。

在缺乏文獻佐證的情況下，關於藏傳比丘尼的諸多說法皆屬推

2　「敦煌文獻」是1990年發現於莫高窟的各種古籍的總稱，其年代約在四至十一世紀之間。

3　摩訶衍堪布（Khenpo Mahayana）又稱「大乘和尚」，為唐朝的禪僧，屬神秀一派，在沙州（敦煌）一帶弘法。後沙州遭吐蕃攻陷，赤松德贊邀請其至拉薩弘法並翻譯經書。摩訶衍主張「頓悟」，後與主張「漸悟」的蓮花戒在桑耶寺辯論長達三年，摩訶衍落敗，離開西藏，史稱「拉薩法諍」。

測。有人認為自始以來西藏就只有沙彌尼，但也有人認為，直到十一世紀都有比丘尼存在，至於戒律失傳的原因如今已不可考。

「有一種說法是，在朗達瑪滅佛期間，大量僧尼遭受迫害，當時別說是比丘尼戒，就連比丘戒也都險些失傳，後來比丘僧團成功復興，但比丘尼卻在缺乏關注的情況下式微了。」第三世揩尼仁波切如此表示。

近年來，有許多高僧大德都致力於復興藏傳佛教比丘尼的傳統，其中一個方式是藉由漢傳佛教的比丘尼來傳戒。儘管藏傳與漢傳佛教所傳的戒律不同，但其實都是源自印度的佛傳。因此，以第十七世大寶法王鄔金欽列多傑（Ogyen Trinley Dorje）為例，他的作法即是將漢地的尼眾戒律，從學法女、沙彌尼至比丘尼整套完整地引入重傳。

然而，各派別對此看法不一，因為漢傳佛教比丘尼的傳統無法一一追溯別解脫戒的傳承（從佛陀年代迄今授戒師的傳承源流），這對於一向重視傳承的藏傳佛教界而言，也是諸多分歧的所在。如何解決這個問題，迄今尚未達成共識。

有關「堪嫫」與比丘尼的討論

「關於要如何讓比丘尼的傳統回歸藏傳佛教，過去這幾年其實已經作過許多討論，包括是否能由比丘直接傳戒給比丘尼等。[4]但

---

[4] 戒律無法直接由比丘傳給比丘尼，其主因是比丘尼的戒律多過比丘，而比丘無法傳予他人自己未受過的戒律。

戒律畢竟不同於法脈傳承，可以由上師自己決定要將『法』傳給誰，也不是如『堪嫫』（藏khenmo）[5]的問題，可以用學位的方式來處理。受戒必須符合律藏的規定，若要改變，也必須經由各派同意，因此遲遲無有定論。」措尼仁波切指出現下復興比丘尼僧團的困境。

由於比丘尼戒的失傳，也衍生了有關「堪嫫」的爭議，因為昔日只有比丘尼才有資格成為「堪嫫」。然而長此以往，如此的規定也引發體制不公的質疑。為何同樣是從佛學院畢業，只有男眾有機會成為「堪布」，而女眾卻永遠無法晉升為「堪嫫」？「堪嫫」和受比丘尼戒之間究竟有什麼關係，為何必須領受比丘尼具足戒後才有資格成為堪嫫？

這個問題要回歸到傳統上對「堪布」或「堪嫫」的身分如何認定，主要兩者原本都是傳戒者，他們不見得要通經熟論，但必須要持戒清淨。後來，隨著藏傳佛教制度化，才逐漸演變成必須從佛學院畢業的比丘或比丘尼才有資格受封此頭銜。

不過，關於「堪嫫」的問題，現在許多寺院所採取的解決之道，是類比現代教育，將此頭銜視為「女博士」的學位來授予，不再執著於是否具足比丘尼戒。

至於如何才能成為佛學博士，不同傳承各有不同的制度。以寧瑪派為例，男、女僧眾從九年佛學院畢業之後，男眾會成為「洛本」（藏lopön）、女眾會成為「洛本瑪」（藏lopönma），在累積四

---

[5] 格魯派稱此為「格西瑪」（藏geshema），相當於佛學女博士。

至八年的教學經驗,並且維持良好的品性,就會被升為「堪布」或「堪嫫」。未來措尼給恰林也將依此途徑,在「洛本瑪」服務一段期間後授予「堪嫫」的學位。

蓮師與空行母

空行母——空中行者

其實成為比丘尼或「堪嫫」都無妨,這世間的任何頭銜都只是一種榮耀與身分的象徵,甚至連出家與否,也與證悟或傳法並無直接的關聯。藏傳佛教的發展,從緣起、興盛到流傳,背後的推手一直都少不了瑜伽女的身影,她們以自身的成就,證明了女性也可以證悟。

在佛法傳入西藏以前,藏地原本信奉祭祀天地萬靈的苯教。七世紀時,吐蕃王朝的松贊干布先後迎娶了兩位篤信佛教的異國公主——尼婆羅國[6]的尺尊公主與大唐的文成公主,她們分別帶來珍貴的佛像,並對佛教的發展作出極大的貢獻。因此,藏人相信她們分別是綠度母與白度母的化身。

松贊干布與兩位公主為藏地的佛法掀起了序幕,不過佛法真正的興盛,則要等到一個世紀後,印度的蓮花生大士來到西藏弘法開始。蓮師在弘法的過程中,有許多殊勝的助緣,其中包括無數的空行母。

---

[6] 尼婆羅國是約在西元400年至750年之間,在加德滿都谷地一帶的古尼泊爾王朝。

┃ 七世紀的藏王松贊干布，先後迎娶兩位對佛教貢獻極大的異國公主——尼婆羅國的尺尊公主與大唐的文成公主，她們分別被視為綠度母與白度母的化身。（繪圖：Sudarshan Suwal）

空行母——藏人口中的「Khandro」[7]，源自於梵語的「Ḍākinī」，意即「空中行者」。在藏傳佛教裡，「空行母」一詞的用法很廣泛，可以指任何具有空性智慧的女相，如佛母、女上師、女本尊、女成就者、女護法等，有時也可能是對女居士的尊稱。舉例而言，忿怒尊獅面空行母（Siṃhavaktrā）本身就身兼多重角色，她既是蓮師的上師，也是本尊、空行、護法。

7　藏語「Khandro」（音「康卓」）一詞適用於男性與女性，「khandroma」（音「康卓瑪」）則特指女性的空行母，但藏人說「khandro」時，通常指的是女性的空行母。

以威猛獅面示現的女相本尊

「獅面空行母」顧名思義就是以威猛獅面示現的女相本尊，由於獅子是百獸之王，因此獅面也象徵智慧。她的原始法身是般若佛母、報身為金剛亥母，但她以化身獅面空行母的形象，在屍陀林為年少的蓮師傳法。

一般而言，修持忿怒尊的成就會比修持寂靜尊來得迅速，因為摧毀一切魔軍背後的力量是強烈的慈悲心，而修持女性本尊會更加直接，因為空行母本身就是悲心的本質。當時有些外道對於蓮師的博學、道行等各方面的成就感到嫉妒，因而心生邪念，欲以咒法相害。最後，蓮師就是以獅面空行母所傳授的「迴遮咒」降伏了外道，由此可見她的威力有多廣大。

後來蓮師受藏王赤松德贊之邀入藏傳法，過程中亦是障礙重重，當地一些法力高強的天龍八部紛紛前來攪局，不過都被他一一降伏、感召，而成為具誓護法。其中包括原為地方女神的十二地母，她們本身都具有空行母的特質，措尼仁波切傳承的智慧女護法金剛玉燈女（Dorje Yudronma）就是其中之一。

也許有些人會覺得，《蓮師傳》聽起來像是神話故事，甚至就連整個西藏的歷史也都交織著神話。然而，在當時普遍信仰天地萬靈的藏地，人們需要藉由這種善巧的方式來增加信心。

金剛乘有分外、內、密的層次，蓮師真正調伏的是眾生五毒煩惱的心魔，而神通只是修行成就上的一種附加價值。現任的措尼仁波切也常說：「神通沒有什麼了不起，儘管它看似很厲害，其實

措尼仁波切傳承的智慧女護法金剛玉燈女，原為地方女神的十二地母之一，爾後受蓮師的感召成為具誓護法。（圖片提供：美國芬陀利迦佛學會）

也不過是一種世俗的把戲。許多文化都有練就神通的方式，但具足神通並不會讓我們因而解脫，降伏心魔才是能夠讓我們解脫的究竟法門。」

蓮師佛行事業上的兩大女性助力

空行母也是如此，她的功德不在其是否真的會在天上飛翔，而是她所象徵的大悲與本智空的功德，透過這兩者她才具有能夠激發瑜伽士證悟以及興盛其事業的能力。所以，在蓮師的佛行事業裡，最重要的空行母即是他的修行伴侶——佛母。

金剛乘的雙運相，有時容易引起錯誤的聯想，因為在一般凡夫的眼裡所見的僅是一男一女的形象，卻看不到其方便與智慧的本質。

然而,在密宗法教的內續當中,大部分的本尊會以父母尊來示現顯空不二,這是屬於方便道的他身壇城輪,真正具格修持的人極為稀少,因為行者雙方都必須先圓滿自身壇城輪的修持。如果摻雜了任何世俗的欲望,不僅毫無效果,反而會因此產生過失,這些在密續裡皆有明確的記載。

曼達拉娃——證得長壽無死成就

蓮師即是這樣一位超越世俗煩惱的瑜伽士。他在不同時期因不同的修持所需,而有不同特質的佛母作為助緣,其中影響最深遠的是他的印度佛母曼達拉娃與西藏佛母伊喜措嘉(Yeshe Tsogyal)。

曼達拉娃原是沙霍國的公主,她自幼虔心於佛法,一心只想要修行,但她的父親卻處心積慮地想將她作為政治聯婚的籌碼而安排婚事。為了擺脫這樣的宿命,曼達拉娃不惜逃離皇宮,因而遇見蓮師,成為他的虔誠弟子兼佛母。國王一怒之下,將自己的女兒丟入滿是荊棘的地洞裡,並想活活燒死蓮師。沒想到最後,國王反而被蓮師調伏,從此皈依三寶,而該處也成為知名聖湖——措貝瑪。

後來曼達拉娃跟隨蓮師四處雲遊修法,他們踏過的足跡也成為聖地,其中最知名的聖地是位於今日尼泊爾境內的馬拉蒂卡(Maratika)。在那裡,曼達拉娃以自身作為供養,與蓮師修持「長壽佛」與「馬頭明王」,並證得長壽無死成就。不過,後來蓮師前往藏地時,曼達拉娃並未隨行,她從心間放光化現出一白一紅的兩朵蓮花,分別放射到西藏與尼泊爾,自身並化光融入奧明淨土(Akaniṣṭha)。

伊喜措嘉——西藏首位女成就者

蓮師入藏之後,最得力的助手是他的另一位弟子兼佛母伊喜措嘉。伊喜措嘉原是藏地卡千(Kharchen)王國的公主,後來成為赤松德贊的王妃,蓮師入藏後,藏王將其賜予上師。自此她虔心向佛、精進修持,成為西藏史上第一位證悟的女性。

如果伊喜措嘉的故事就如此被一筆帶過,在不瞭解的人腦海裡所浮現出的畫面,或許會是一位貴族裝扮的西藏美女,在一座幽靜的宮殿裡禪修的情景吧?

然而,事實並非如此,伊喜措嘉的修行歷程,充滿了超乎常人能夠忍受的艱辛與孤獨。為了達到修行上的成就,她獨自到深山荒林去苦行,遭遇到各種難以想像的磨難與挑戰。例如,她曾在冰天雪地的高山上險些被凍死,也曾在荒涼的道路上被凶狠的盜匪所襲擊,更曾因世人的迷信而被指責為造成天災的女巫。身為女性讓她背負了許多莫須有的罪名,導致她一度聲敗名裂,遭人非議。

想像一個畫面,如果你在街上與一位衣衫襤褸的男人擦肩而過,只要他沒有冒犯或脫軌的行為,就算是打赤膊,你可能也不會多加理睬。可是如果她是女人呢?即便是在廿一世紀的今天,世人對於男、女的社會觀感已與古代不同,她依然會被投以異樣的眼光,不是嗎?更何況是在八世紀的西藏,伊喜措嘉披著單薄的衣衫朝聖苦行,能否想像會招來何等非議?然而,她從未因性別的原因而放棄修行,反而以更加堅定的虔敬心來證明證悟不分男女、無關出家,只要精進如法地修行,誰都有可能證悟。

在她感到最困難時,蓮師曾經鼓勵她:「女身是空性智慧,當以清淨願精進修行。」伊喜措嘉能夠不讓鬚眉地在蓮師眾多傑出的弟子當中脫穎而出,成為他的首要法脈傳人,全是憑她自身的努力與信心。

就「法」的層面而言,蓮師與佛母師徒二人的心完全無別。她不僅承襲了蓮師所有的法教,更在蓮師離開了人類所居住的南瞻部洲之後,延續他的佛行事業,繼續在藏地弘揚佛法,並且在各處封存珍貴的伏藏,以留給後世的有緣人。因此,迄今有許多高僧大德都視她為與蓮師無別的大上師。

「伊喜措嘉是蓮師的弟子當中成就最高的,她已進入五道十地、四種持明、大圓滿的四相等最高境界,成為蓮師在任何時空、場域的佛母,兩者之間無有分別。」昆秋帕滇堪布表示,伊喜措嘉不僅只是瑜伽女典範,更是大圓滿傳承的主要上師之一。蓮師的證悟、事業與法教之所以能夠廣大,就是有像伊喜措嘉如此能夠提升瑜伽士修行的佛母,來興盛他的佛行事業。

尼古瑪與蘇卡悉地
——瓊波南覺的女性根本上師

伊喜措嘉堪稱是藏傳佛教最知名的女上師之一,繼她之後,其實還有許多在家或出家的女性成就者,例如先前提及的吉祥比丘尼。

不過,相對於具證的瑜伽士,眾人能說得出名字的瑜伽女少之又

有「第二佛」之稱的蓮師(中)，是將佛法帶入西藏的關鍵人物之一，而他的印度佛母曼達拉娃(左下)與西藏佛母伊喜措嘉(右下)，也被視為與他無二無別的上師。
（圖片提供：格桑唐卡世界〔Kalsang Art〕）

第二部　綻放──不枉女身的具證瑜伽女

少，因為昔日無論是在西藏或佛法的發源地印度，都只有最頂尖的瑜伽女才有機會在以男性為觀點的歷史上記上一筆。

十一世紀當噶舉派崛起時，曾出現過幾位備受世人尊崇的具證瑜伽女，例如香巴噶舉（Shangpa Kagyu）的創始人瓊波南覺（Khyungpo Naljor），就有兩位女性根本上師——尼古瑪（Niguma）與蘇卡悉地（Sukhasiddhi），可惜關於她們生平的記載並不多，無從知道她們完整的求法歷程。

簡而言之，尼古瑪出生於北印度的喀什米爾（Kashmir），據說她是那洛巴尊者的姊妹[8]，並已證得無死虹光身。她居住在一個名為莎薩林（Sosaling）的屍陀林裡，並曾為瓊波南覺指引心性。

如同尼古瑪，蘇卡悉地亦是來自喀什米爾，她從印度八十四大成就者之一的毗魯巴（Birwapa）尊者處，獲得四身灌頂與生圓次第的密法，並將所學完整地傳給瓊波南覺。

瑪吉拉尊——直視恐懼的「斷法」女祖師

自立宗派，培育女弟子

十一世紀後半期，藏地也出現一位超凡的女上師瑪吉拉尊（Machig Labdrön, 1055-1149），她不僅是藏傳佛教史上唯一有自立宗派的女祖師，其法教更是青出於藍地傳回佛法的發源地——

8　亦有佛母之說。

印度!

瑪吉拉尊是印度「斷法」大師帕當巴桑傑（Padampa Sangye）的再傳弟子，她尊稱他為「如父上師」[9]，不過主要為她傳法的其實是遊方僧覺敦索南喇嘛（Lama Kyoton Sonam）。此法源自於佛陀二轉法輪時所開示的「空性」，帕當巴桑傑將《心經》的義理化為實修來「除一切苦」。

爾後，在瑪吉拉尊的融會貫通下，發展出獨特的修持方式，並創立了女傳的覺域派（Chöd Yul）[10]。在藏傳的四大教派形成之前，覺域派是藏地的八大修傳宗派之一，當時她不僅培育了許多女弟子，更吸引了許多來自印度、尼泊爾的瑜伽士前來向她求法！

能斷我執的「施身法」

那麼，我們究竟要「斷除」什麼？那就是一切苦痛的根源——我執與煩惱。修持「斷法」的方式有許多，瑪吉拉尊所傳的「斷法」也有人會翻譯成「施身法」，因為她的法教包括藉由供養、布施自己的身體，來放下我執、觀修無我，但這種修持方式其實僅是「斷法」裡的其中一個部分而已。

據說，傳統上「施身法」的修持方式，是要在漆黑的深夜獨自一人到屍陀林去修持，因為這是面對恐懼、放下我執最直接的方

---

[9] 「帕當巴桑傑」（Padampa Sangye）一名中的「帕」（Pa），藏語意指「父親」。
[10] 女傳的覺域（Chöd Yul），藏稱「嬤覺」（Mo Chöd），意指「女傳斷法」，因為另外還有一支男傳的派系。

式！可以想像一名女子，在月黑風高的夜晚，獨自在陰森的屍陀林裡修法，是需要多大的勇氣嗎？然而，當一個人的心中已經捨離我執，自然就不會再有任何恐懼，瑪吉拉尊就是這樣一位無所畏懼的瑜伽女，她的勇氣早在二十歲出頭時就已展現。

瑪吉拉尊原是一位含著金湯匙出生的富家千金，從小就被預言是智慧空行的化身。自幼飽讀經書，小小年紀就擅長背誦經文，名聲甚至傳到國王的耳裡，並榮獲「拉尊」（藏labdrön）的封號。後來，她前往扎唐寺去學習，年僅十六歲便獲得「阿闍黎」的頭銜，並任教於寺院。然而，她看似順遂的學佛生涯，在雙十年華出現了轉變，當時她遇見遊方僧索南喇嘛，對方一針見血地指出：「你對於佛法的理解，其實只是理智上的『智』，真正的佛法智慧必須斷除我執之見。」

索南喇嘛的出現並非偶然，他是在上師帕當巴桑傑的指示下，前來尋找具格弟子瑪吉拉尊。為了生起真正的智慧，瑪吉拉尊跟隨索南喇嘛學習「斷法」，並且在那段期間了悟到真正的魔其實是來自於我執。於是她毅然而然地放棄原本富足的生活，從一位對於吃穿用度都很講究的千金小姐，變得愈發隨性自在，後來甚至捨棄一切的物質，與印度瑜伽士拓帕巴卓（Thopa Bhadra）展開居無定所的行腳生活。

拓帕巴卓是度母授記瑪吉拉尊的修行伴侶，他們在一起約莫二十年，遊走了許多聖地，並且生下兩男一女。後來，拓帕巴卓回到印度，瑪吉拉尊則留在雪域繼續弘法。她所傳下的「斷法」迄今依然廣為流傳，在藏地與不丹都還留有她的傳承。

不過，猶如伊喜措嘉，瑪吉拉尊傳奇的一生也並非一帆風順。在她身處的封建年代，她不顧世俗的眼光與修行伴侶四處遊方化緣，並經常與乞丐、瘋瘋病患等社會邊緣人往來，自然也備受議論與詆毀，艱辛的過程可想而知。

從許多大成就者的故事裡，我們看到在通往解脫的道路上，往往會有許多障礙與違緣，每個人會因著自身的業力而經歷不同的考驗。昔日有許多證量很高的瑜伽士也都曾受人曲解、攻擊，甚至就連佛陀，也曾因為放棄苦行並接受牧羊女所供養的乳糜而被同修唾棄，更何況是不符合社會期待的瑜伽女？在昔日保守的社會風氣下，瑜伽女的修行之路往往要比瑜伽士來得更加艱辛。然而，她們並未因此而放棄修行，反而更加精進地證明證悟與性別無關。

色拉康卓──寥若晨星的女伏藏師

上個世紀初的色拉康卓（Sera Khandro, 1892–1940），是另一位為了學法不惜放棄一切的女成就者，也是藏傳佛教裡屈指可數的女伏藏師之一。

色拉康卓本名「昆桑德永旺嫫」（Kunzang Dekyong Wangmo），她出生在拉薩的一個權貴家庭，但為了逃避父親所安排的政治聯姻，不惜離家出走，並且偷偷跟隨一群到拉薩朝聖的人返回他們的家鄉──位於青藏高原東部的果洛。

那一年，她才十五歲。是什麼樣的勇氣，讓她願意放下一切而遠

走他鄉？原來在那個朝聖團裡，有她心目中的理想上師——智美威色祖古（Tulku Drime Ozer, 1811–1924）。其實早在昆桑德永旺嫫幼年時，就有種種瑞相示現她是伊喜措嘉的化身。[11]而在她來到果洛不久，也曾被一名老伏藏師授記為智美威色祖古命定的修行伴侶。然而，她卻是在十五年後，才排除萬難成為祖古智美威色的佛母。

而在那漫長的十五年裡，她經歷人生的淬鍊，從一位原本不知人間冷暖的千金大小姐變成一無所有的小乞丐，在言語不通[12]的異鄉流浪。當地人對她百般誤解，相信她的人視她為空行母，扭曲她的人說她是魔女。關於她遭遇的種種違緣試煉，在索達吉仁波切翻譯的《色拉康卓・德瓦多傑自傳》裡有詳細的記載。然而，她從未曾因此而對佛法喪失信心，反而更加堅定地修持佛法。後來，猶如授記時所說一般，她成為智美威色祖古的佛母，並開啟具緣的珍貴伏藏。

色拉康卓是一百多名伏藏師裡的三位女性之一，也是當中開啟最多伏藏的一位，她將畢生所取出的伏藏法都收錄在她的《伏藏集》裡，留下完整的三根本與大圓滿法教。當代有許多大師，包括大圓滿成就者賈札仁波切（Chatral Rinpoche, 1913–2015），都是她的弟子。

賈札仁波切年輕時，某日他在山上牧牛，看到色拉康卓在一個帳

---

11 亦有瑪吉拉尊的化身之説。
12 安多方言和拉薩的藏語大相逕庭。

篷裡，當時他很驚訝，怎麼會有一位上師在那裡，而且還是女性！起初賈札仁波切是基於好奇而上前去向佛母請益，然而在聞法的過程中，他深深被她的證量所攝受，因此成為她的弟子。儘管色拉康卓告訴他，噶陀寺的阿旺巴桑堪布（Khenpo Ngawang Palzang）才是他的具緣上師，他依然視色拉康卓為主要的上師之一。而賈札仁波切的女兒薩拉斯瓦蒂（Saraswati），也被第十六世大寶法王認證為色拉康卓的轉世。

乘願再來的女祖古

轉世制度與佛菩薩化身轉世的差別

色拉康卓是伊喜措嘉的化身，薩拉斯瓦蒂是色拉康卓的轉世，這兩者之間有何不同？藏傳佛教裡轉世祖古的傳統，起源於十三世紀的噶舉派。這種轉世制度與諸佛菩薩的化身轉世度眾的差別，就在於轉世祖古的概念是以代代心識相續的傳遞來延續佛行事業，因此才會形成一世、二世、三世等等的法脈相續，例如大寶法王已轉了十七世，而措尼仁波切也轉了三世。

不過自古以來，各派祖古的轉世似乎也以男身轉世為男身居多。不是都說空行母最慈悲，為什麼反而鮮少有女成就者乘願再來？其實有許多女性成就者，如先前所提到的伊喜措嘉佛母、瑪吉拉尊等，一直以來也都持續不斷地以不同的化身在利益眾生，只是她們並未以特定的傳承化身示現。

「有無數的菩薩，包括空行，會藏身在茫茫人海中以各種形式默默

地利益眾生,所以我們並不一定能夠認得出來。」措尼仁波切指出,諸佛菩薩利益眾生的方式眾多,並不局限於特定的傳承相續。但不可否認的是,長久以來男、女祖古的數量確實不成正比。

祖古轉世以延續法脈

首先,這或許與祖古的佛行事業有關。祖古的任務之一,是繼承寺院以延續法脈,而相對於興盛的僧院,過去藏地的尼寺並不多見。

「過去有許多偉大的瑜伽女,她們雖然傳下了許多殊勝法教,但未以建寺的方式來延續傳承法脈,自然也就不會有所謂的『轉世祖古』。因為每個寺院只會尋找他們自己的傳承上師,而非每位上師的轉世。」措尼仁波切如此表示。其實過去有許多瑜伽士亦是如此,法教和寺院傳承的關係就好比茶與茶杯:「這就如她們留下很棒的茶給大家喝,但你可以拿不同的杯子來品嚐。」

另一個原因則與昔日男性的尊嚴有關。措尼仁波切直言不諱地說,過去藏地男尊女卑,唯有最頂尖的瑜伽女,才有可能被男性視為根本上師。但他們通常不會特別去尋找女上師的轉世,因為誰也無法確定轉世是否也能如前世一般卓然不群。

第三個原因是,傳統上女性並未被鼓勵修行。過去的觀念認為婦女應該在家養兒育女,所以真正有機會修行的女性並不多。瑜伽女的數量很少,女性成就者自然就更少,女祖古亦然。仁波切指出每個層面都環環相扣,相互影響。

藏地的女祖古傳承

目前所知傳承最久的女祖古系統，是香巴噶舉桑頂寺（Samding Monastery）的多傑帕姆（Dorjé Pakmo）傳承，從十五世紀迄今，已經延續了十二世。

桑頂寺曾經是少數僧尼共住卻由女祖古當家的寺院。不過，在文革之後，桑頂寺只剩僧人，而現任的多傑帕姆祖古也選擇了在家修行，只有在一年一度的大法會上才會公開露面。

現今最為活耀的女祖古之一，是敏卓林的康卓仁波切（Khandro Rinpoche），她被第十六世大寶法王認證為第十五世大寶法王的佛母轉世，因此擁有噶舉傳承的法教。

同時，身為敏林赤欽法王（Minling Trichen Rinpoche, 1930-2008）的長女，康卓仁波切亦是寧瑪派敏卓林傳承法教的持有者之一。敏卓林是少數擁有「傑尊瑪」（藏Jetsunma）[13]傳承的寺院。十八世紀初，西藏曾遭蒙古入侵，位於衛藏的敏卓林寺也無可倖免地遭到摧毀，後來由敏卓林開寺祖師德達林巴尊者（Terdag Lingpa, 1646–1714）的女兒傑尊明就巴尊（Jetsun Mingyur Paldron, 1699-1769）協助從重建，並創立了桑天澤尼寺（Samten Tse Nunnery）。自此之後，世襲的「傑尊瑪」傳承就延續至今。

其實已證得平等性的諸佛本就無相，自然也無男、女之分，一切的分別念是出自於眾生。因此，從某個層面來說，乘願再來的證

---

[13]「傑尊瑪」（藏Jetsunma）即能持戒以及擁有瑜伽密行成就的女上師。

悟者會以男相或女相示現，也是因應眾生的需求。只要能夠利益眾生，男身可以轉世為女，女身也可轉世為男，例如瑪吉拉尊的前世，就是一名印度僧人。

不過，也許是因著昔日藏地的因緣，迄今女性成就者轉世為男的例子，的確比男性尊者轉世為女性的案例為多。囊謙給恰林有一支從倉央嘉措的佛母措嘉仁波切開始的轉世傳承，就是一個由女轉男的例子。

如前所述，昔日基於各種外在的因素，能夠萬古流芳的女性成就者並不多。然而，這並不代表沒有其他的具證瑜伽女，她們其實隱身在藏地各處默默地修行，例如囊謙給恰林即是一個臥虎藏龍的寶地。

第七章
拙火成就的女性修行者

> 女性在「氣脈功法」方面的悟性比男性為高，
> 在囊謙給恰林，「氣脈功法」的修持都是由阿尼所傳授。
> 相信藏地其他地方還隱藏著許多證量很高的瑜伽女，
> 她們也許名不見經傳，卻是真正有修為的成就者。

囊謙給恰林阿尼的拙火修持

囊謙的冬季既寒冷又漫長，每年九月就已經開始飄起初雪，入冬後更經常是雪虐風饕。然而，在這樣一個既偏遠又寒冷的地方，卻有一座充滿傳奇的尼寺。大家都說給恰林的尼師不怕冷，當風刀霜劍來襲，眾人紛紛裹上加厚的人造毛大衣時，她們依然能夠僅穿著單薄的袈裟繞行寺院，有時身上甚至還會披著一條濕冷的白布。

其實這是給恰林「氣脈功法」（藏 tsalung，音「札龍」）的考試場景，在每年藏曆12月的滿月，阿尼們藉由拙火（一種讓體內能量能任運地行於脈中的修持）來維持溫暖，並且將布烘乾。給恰林的拙火修持馳名遠近，關於阿尼們在冰天雪地裡能夠如何又

何的傳聞甚多。儘管修持氣、脈、拙火的確有助於禦寒，但那並非修行的重點，歷代大德也不會如此強調。「氣脈功法」是一種修定的法門，主要的目的是要轉化四大的業氣，藉此消除煩惱、見心明性，是增益修行的良好根基。

因此，根據寧瑪派法教的傳統，從前行進入大圓滿的修持之間，會先修持「氣脈功法」，因為大圓滿主要修持的是最細微的心，心若能與氣結合，修行的功夫才能增上。心就猶如騎在馬背上的騎士，而氣就是那匹馬，如果馬很乖順、強壯，就能跑得很遠且很安全；反之，如果馬無法被馴服或體弱多病，就會難以駕馭或根本寸步難行。如此心與氣無法結合，修行便會產生障礙。所以，如何調理氣使之順暢、調和，就是要修持「氣脈功法」。

長久以來，給恰林遵循著措尼傳承的法教，新進的阿尼必須先完成前行，才有資格入座大殿參加竹千法會[1]。而在進入大圓滿的修持之前，首先要修持兩、三年的「氣脈功法」，等到純熟之後，才會傳授「立斷」與「頓超」。她們以一生的時間潛心修持惹那林巴的廿五部伏藏法，以及第一世措尼仁波切、第一世倉央嘉措仁波切的意伏藏等傳承法教，每三年三個月就會有一批阿尼進入關房閉關。

總體而言，女性在「氣脈功法」方面的悟性比男性為高。所以，在囊謙給恰林，「氣脈功法」的修持都是由阿尼所傳授，無論求

---

[1] 竹千（藏Drupchen）意即「大成就」，竹千法會是金剛乘一種為期數日密集共修而成就的法會。傳統上，主法上師必須是具足證量的修行者。

法的對象是男性或女性。而長久以來，給恰林的瑜伽女們（無論是在家或出家）也都是以如此紮實的方式修行、閉關，有些人甚至會選擇終生閉關。因此，據說昔日有許多阿尼都是坐化而終。

金剛乘又稱「密乘」，因為有很多的法門不公開對外傳授，不理解的人或許會覺得很神祕，但修行原本就是一件很私密的事，因為內在的覺性無人可以看見。相信藏地也有許多地方如同囊謙給恰林般臥虎藏龍，隱藏著許多證量很高的瑜伽女，她們也許名不見經傳，卻是真正有修為的成就者。

措嘉卓瑪——囊謙給恰林的一代佛母

囊謙給恰林的第一位女上師措嘉卓瑪（Tsogyal Drolma），是該寺創辦人第一世倉央嘉措仁波切的弟子兼佛母。她透過修持大圓滿的核心法教——「立斷」與「頓超」，認出自性清淨的本覺，並且獲得極大的成就，而她昔日的閉關處也被後人視為聖地。

第一世措尼仁波切曾授記，措嘉卓瑪是空行母伊喜措嘉的「事業」化身。因此，倉央嘉措若能納措嘉卓瑪為佛母，不僅有利於他個人的佛行事業，更將利益整個傳承與尼眾。後來也果真猶如預言那般，在倉央嘉措一世圓寂之後，措嘉卓瑪便出家為尼，負責管理寺院，將佛行事業發展得極為興盛，並且培育出無數傑出的男、女弟子。

「很久、很久以前，當我還年輕時，曾經看過一位阿尼寫的書，是關於措嘉佛母的秘密傳承，書中提到其實她也有取出意伏藏，

可惜當時我不瞭解它的珍貴，手邊也沒有法本。」昆秋帕滇堪布說道。因為是秘密傳承，所以他也不知道有誰在修持，或此傳承是否仍在傳續。

無論如何，措嘉佛母延續了措尼傳承的法脈，為囊謙給恰林的尼眾樹立了良好的典範。儘管後來她的轉世在各種緣起下以男相示現，但素來以實修聞名的給恰林，自十九世紀以來培育出許多成就非凡的瑜伽女，迄今不曾中斷。

噶瑪桑嫫——到貝瑪貴弘法的偉大阿尼

關於囊謙給恰林昔日瑜伽女的修行生活或成就，我們所知不多，只能從第一世倉央嘉措仁波切的傳記與給恰林的沿革等有限文獻中，得知她們在閉關中獲得無比殊勝的體驗。

繼措嘉佛母之後，下一位出自給恰林的傳奇女上師，是二十世紀初的噶瑪桑嫫阿尼（Ani Karma Zhangmo），而她的名聲還是從今日隸屬印度的蓮師秘境貝瑪貴（Pemakod）傳回囊謙！

貝瑪貴位於藏地與印度交界處的喜馬拉雅山區裡，歷史上曾是藏東波密王國的領土，後來戰敗而割讓給西藏。現今北部的上貝瑪貴仍屬於西藏自治區，南部的下貝瑪貴則被納入印度的版圖。

為什麼來自囊謙的噶瑪桑嫫阿尼會揚名貝瑪貴？她的故事要從伏藏師札昂林巴（Tragnang Rinpa）說起。

札昂林巴尊者降生於囊謙，是第一世措尼仁波切的弟子，他被蓮

師授記為貝瑪貴的主人。而措尼一世在圓寂前也曾開示，如果札昂林巴能到貝瑪貴，必然能夠取出利益廣大眾生的伏藏。

札昂林巴來到貝瑪貴之後，果然猶如授記般取出許多殊勝伏藏，並且成為波密王國的國師，在下貝瑪貴的極密處——仰桑貝瑪貴的聖地德威果札（Devikota）建寺弘法。他的成就傳回囊謙之後，掀起一波蓮師秘境朝聖潮，其中一名朝聖者便是噶瑪桑嫫阿尼。

噶瑪桑嫫阿尼是第一世倉央嘉措的弟子，她擁有極高的修為，在給恰林時就已圓滿過一次三年三個月的閉關。後來，她在那波蓮師秘境朝聖潮中來到貝瑪貴，成為札昂林巴尊者的法脈傳人之一，在上師圓寂之後繼續弘法利生。

在那個年代，女性想要學法並不容易，尤其是在如此偏遠的山區裡，而噶瑪桑嫫阿尼為當地婦女開啟一條通往菩提的道路。她在仰桑貝瑪貴的另一個大村落瑪哈果札（Mahakota）興建了喜樂寺（Dechen Gonpa，俗稱「阿尼寺」〔Ani Gonpa〕），當時吸引了許多女子前來出家，據說在全盛時期曾高達一千多人！可惜培育尼眾的因緣，後來隨著噶瑪桑嫫阿尼的圓寂而消散，如今女子學佛的風氣在當地已不復存在。

「這就是無常！」來自貝瑪貴的貝瑪仁增仁波切（Pema Rigzin Rinpoche）說道。時至今日，儘管當地人仍習慣稱「喜樂寺」為「阿尼寺」，但那裡早已不見阿尼了，目前喜樂寺和德威果札寺都是由他管理。

貝瑪仁增仁波切是札昂林巴伏藏師的外曾孫，同時也是他的第三

世轉世祖古。另一方面，仁波切父親的家族則是噶瑪桑嫫阿尼的遠房親戚，當年他的祖母就是聽聞阿尼在貝瑪貴建寺傳法，才會不辭千里地從囊謙舉家遷居到貝瑪貴。

貝瑪仁增仁波切的父親昆桑饒絳（Kungsang Rabjam）瑜伽士是噶瑪桑嫫阿尼的弟子，在尼師圓寂後繼承了喜樂寺。因此，貝瑪仁增仁波切同時承襲了札昂林巴與措尼傳承，他的寺院與措尼給恰林是今日在藏地以外修持措尼傳承的兩個道場。

以前貝瑪仁增仁波切常聽父親說，噶瑪桑嫫阿尼的證量極高，而且非常慈悲。不論是誰有所需求，她都會不遺餘力地幫忙，自己有什麼也都會毫不保留地分享給大家，因此很受當地人愛戴。

「我還記得小時候每當身體不舒服時，父親就會剪一小撮阿尼留下的聖髮來為我除障。」貝瑪仁增仁波切說道。他沒見過噶瑪桑嫫阿尼，只知道她的頭髮很長，因為在她圓寂時，頭髮被剪下來捲成坨狀供在法座上，當地只要有人生病，就會來請尼師的聖髮除障。儘管現在聖髮早已無存，但她的故事不曾被遺忘，大家猶然記得，貝瑪貴曾經有過一位偉大的女上師。

昆桑確尊——不受空間限制的傳奇阿尼

時空來到二十世紀中葉的囊謙，在文革期間有許多寺院遭到破壞，給恰林自然也無可倖免，不僅大量的經典被燒毀，也有許多僧尼被扣上罪名鋃鐺入獄。然而，他們並未因此放棄修行，反而更加精進，身體上的限制影響不了內在的修持。誠如也曾被拘囚

的阿德仁波切所說:「沒有人看得到或管得了你在心裡持咒修行。」

當時有位給恰林的昆桑確尊阿尼（Ani Kunsang Chotsum），據說她在「氣脈功法」的修持上有很大的成就，已經達到可以不受空間限制的境界。所以在文革期間，雖然她看似身陷囹圄，其實她可以憑藉意志自由地穿梭空間而不受束縛。沒有人知道昆桑確尊阿尼何時會在哪裡出現，也沒有人看過她吃東西，只有看過她喝茶。而每當有人供養她時，她就把錢拿去供燈。

「我年輕時，曾在拉薩住過一段時間，當時為了減少干擾，有時在某些場合我不會穿僧袍。雖然昆桑確尊阿尼從未看見我穿便服，但不知為什麼她總是知道我做了些什麼。所以，每次她見到我時，都會笑我說:『你又在變裝了。』」昆秋帕滇堪布說道。雖然他只見過昆桑確尊阿尼幾次，卻能真切地感受到她的證量，若不談神通力，可以確定的是她的心絕對是自由的。

措尼給恰林的金剛阿闍黎洛本瑪昆秋卓噶（Lopönma Kunchok Dolkar），是當年從囊謙到尼泊爾尋訪上師的五位阿尼之一，儘管她並未見過昆桑確尊阿尼，不過她幼年時便聽過一些關於這位偉大阿尼的傳說。

她還記得以前家鄉有位能夠自由往返蓮師淨土的大成就者，他曾經說過這樣一則故事。有一回，他造訪蓮華光越量宮時，看到一個很高的金黃色法座，他知道那意味著即將有高僧大德駕臨，於是好奇詢問究竟是哪位高人要來蓮師淨土？淨土的人回答:「有位昆桑確尊阿尼即將從娑婆世界來此，所以要先為她預備一個寶

座。」而就在那位成就者從淨土返鄉不久之後，昆桑確尊阿尼就穿著「氣脈功法」的裝扮坐化了。

帕嫫——「氣脈功法」第一人

帕嫫阿尼（Ani Palmo）是上個世紀另一位以「氣脈功法」聞名的老阿尼。在1980年代給恰林重建之後，主要是由她負責教導「氣脈功法」，她的弟子眾多，包括昆秋帕滇堪布與昆秋卓噶阿尼都曾跟她修習。

帕嫫阿尼的身形高大，卻無法直立，因為她的雙腳在文革期間被打斷，所以她在授課時，會由助教夏嘉阿尼或卡恰阿尼來做示範動作。儘管如此，帕嫫從來不曾因為肉身的痛苦而怨天尤人，反而每天都心情愉悅地唱著道歌，並經常唸著「呸」（斬斷分別執著、認出心性的竅訣）。她的例子印證了現任措尼仁波切常說的：「西藏有許多行者雖然肉身扭曲，但微細身卻很美麗。」

帕嫫阿尼因為實修本尊金剛瑜伽女，因此與金剛瑜伽女無別。在示寂的那天早上，她在虛空中看見金剛瑜伽女，於是她對身邊的阿尼說：「我今晚可能會死，但別告訴任何人。」

果然到了當晚半夜三點左右（即翌日凌晨），帕嫫阿尼便安詳圓寂了。當時還是一名年輕喇嘛的昆秋帕滇堪布也在給恰林裡，他還記得到了日出時分，帕嫫阿尼的身體已在一夜之間縮小到猶如嬰兒般的大小！

「她原本個子比我高大，卻能縮到那麼小，如果沒有人打擾她，

應該再過幾天就能成就虹光身！」在堪布的印象中，那個時代的老阿尼都是坐化而終。這樣的境界在當時的給恰林並非了不得的事，因為幾乎每位阿尼在示寂時，都會展現許多殊勝的徵兆。例如，另一位維那師貝瑪拉嫫阿尼，據說在她圓寂時有空行前來迎接，讓整座寺廟都籠罩在虹光帳幕中。

當上師圓寂後，有些傳承會將大體放置數日不動。不過，昔日給恰林並不重視虹光身，所以不會將大體留在寺院裡，反而是移至天葬場。

天葬──將屍體曝露在特定的荒野之地供養給禿鷹，是西藏傳統的喪葬習俗。因為在藏人的觀念裡，肉身不過是此生暫時的軀殼，所以，死後讓屍體回歸自然、餵食動物，是既環保又利他的方式。在為亡者做完法事之後，屍體會被抬到天葬場，由天葬師執行碎屍，以便禿鷹食用。

然而，在坐化進入「圖當」（藏thugdam）[2]的行者則不能被碎屍。因此，給恰林處理大體的方式分為兩種：（一）坐化的行者採取火化土葬；（二）因身體殘疾等而無法以坐、立或獅子臥等其他姿勢進入「圖當」狀態的行者，則是進行天葬。

「我在囊謙時，曾幫忙搬運過廿四具屍體。奇特的是，當大體仍呈現在禪定狀態時，任何動物都不會咬食他們，直到意識離開肉身之後，大體才會被吃掉。」昆秋帕滇堪布回憶道。當時有位阿尼在「圖當」狀態滯留了長達十天之久，他每天都去看她的意識

---

2 「圖當」（藏thugdam）即明光禪定，通常是指在死亡後所持續的狀態。

是否已離開,而在那段期間,禿鷹不曾觸碰她。

堪布指出,給恰林的天葬傳統或許是受到第一世倉央嘉措仁波切的影響,因為那裡是馬頭明王的聖地。據說倉央嘉措仁波切在晚年時曾對弟子說:「如果我能夠在聖地圓寂,就會成就虹光身;但如果我留在寺院裡圓寂就不會成就。」儘管如此,弟子們卻依然懇請上師能夠留在寺院,因此仁波切最後並未示現虹光身。

「我個人認為,他會這樣說是因為聖地有歷代成就者的加持,所以容易成就虹光身,而寺院裡有太多弟子的牽絆,反而不容易成就虹光身。」堪布如是說道。或許是因著這樣的緣起,後來給恰林只要有人往生,都會送到天葬場。在「立斷」的教導中也有提及,大圓滿行者示寂時,要心化法界(空性)、身化塵埃。

蔣揚德琮——終生閉關的修座瑜伽女

在給恰林關房的最深處,曾經住著一位終身閉關的傳奇人物——蔣揚德琮阿尼(Ani Jamyang Destun),她是昆秋卓噶阿尼在囊謙的主要上師之一。文革之後,給恰林的法脈主要是由教授「氣脈功法」的帕嫫、教授大圓滿的蔣揚德琮與雪繞賞嫫(Ani Sherab Zhangmo, 1922–2008)這三位阿尼所延續。不過,蔣揚德琮阿尼的名氣並未如其同修雪繞賞嫫阿尼那般響亮,因為她從不與外界接觸。所以除了尼眾之外,就連給恰林的僧眾也見不到她,更別說是一般大眾了。

蔣揚德琮阿尼不見客的主要原因有二,其一是因為她終身閉關,

其二是她的雙腳殘廢、行動不便。那個時代有許多出家眾，在文革期間都歷經各種磨難，蔣揚德琮阿尼也不例外。身體上的傷害導致她終身殘廢，生活起居皆由雪繞賞嫫阿尼負責照顧，若需要移動時，則會由年輕的阿尼揹她。

然而，肉身的殘缺絲毫不影響蔣揚德琮阿尼的修持與證悟，反而讓她更加精進。她日以繼夜地坐在一個木箱裡禪修，累了就靠著木箱小歇，但她從來不會平躺入睡。這種修行方式藏人稱為「桄雁」（藏gomtri），有點類似漢傳佛教的不倒單，不過必須坐在箱子裡。並非每位行者都有能耐修持這種苦行，然而，蔣揚德琮阿尼卻始終甘之如飴，時時刻刻保任在明空當中。

蔣揚德琮阿尼的聲音很輕柔，昆秋卓噶阿尼還記得，以前她們那群年輕的阿尼經常會圍繞在蔣揚德琮阿尼的小木箱旁聽她開示，而她最常掛在嘴邊的便是「祈請上師、觀修無常」，這也是給恰林的修行特點之一。

「明天是否會醒來尚不可知，所以今天還有時間修行時，我們要感到歡喜，憶念上師並好好地觀修無常。如果你有上等的無常觀修，就會成為上等的修行人；有中等的無常觀修，就會成為中等的修行人；有下等的無常觀修，就會成為下等的修行人。如果你連下等的無常觀修也無，那麼就連下等的修行人也做不到。」蔣揚德琮阿尼經常如此地勉勵大家。

「以前我在囊謙時，接觸過許多修為極好的老阿尼，不過當時我還年輕，不知道那是多麼殊勝的因緣。如今回想起來，才明白她們的身、語、意教導是多麼地珍貴！」昆秋卓噶阿尼說道。

雪繞賞嫫——時刻憶念上師的具證瑜伽女

囊謙給恰林當代最有名的阿尼,莫過於有「給恰林的偉大瑜伽女」之稱的雪繞賞嫫阿尼。

雪繞賞嫫阿尼約莫在十六或十七歲時來到給恰林,當時寺院的創辦人第一世倉央嘉措仁波切與措嘉佛母都已相繼圓寂,但這並不影響她和傳承上師在心續上的連結。

猶如那個世代的出家人,雪繞賞嫫阿尼也曾經歷過文革的淬鍊,在寺院遭受破壞之後,她只能偷偷地跑到山上去禪修。然而,外在環境的劇變不曾摧毀她內在的修持,反而讓她更加堅定地修持佛法。

雪繞賞嫫阿尼(左)是囊謙給恰林上世紀延續傳承法教最重要的瑜伽女之一。(圖右為第三世倉央嘉措仁波切的「身」化身。圖片提供:昆秋帕滇堪布)

文革結束後，被迫還俗的僧眾必須出外工作，但雪繞賞嫫阿尼為了要繼續修行，只好佯裝行動不便，躲在自己的兄弟家裡閉關禪修。直到1980年代後半期，給恰林在改革開放的政策之下獲得重建，雪繞賞嫫阿尼才重新站立、走出家門，承擔起培育後世尼眾的重任，同時也繼續閉關禪修。

見過雪繞賞嫫阿尼的人都知道，這位偉大的瑜伽女時刻都在悲切地憶念著傳承上師措尼仁波切與倉央嘉措仁波切，因為上師代表一切三寶的總集。

修行有分正式的座上修，以及平時的座下修——在行、住、坐、臥間都不離法。在藏地經常可見修行人手搖著轉經輪，口中念誦著「蓮師心咒」或「六字大明咒」等本尊心咒，而雪繞賞嫫阿尼平時則是不離祈請上師。

每次她坐下來，第一句話一定是「喇嘛千諾」（上師鑒知）。她會善用每分每秒來祈請上師，即便是在與人說話時，她也會一邊轉著經輪一邊祈請，心不動搖地安住在與上師心意融合的狀態。而每當有人向她請法時，或只是在路上偶遇，她也會再三叮嚀：「一定要時時觀想根本上師在自己的頭頂上，時時地向他祈請，不要讓心散亂在各種念頭或現象上。就是要一心祈請上師，並且觀修無常。」

「祈請上師，心勿散亂」，這就是雪繞賞嫫阿尼的核心法教。

透過祈請上師，我們便能獲得傳承上師、諸佛菩薩的加持，來為我們淨除障礙、增長修持。而我們每天念誦的〈遙呼上師・悲切

短韻〉，如果你用心去聽聞、思惟，就會發現我們所祈請的就是措尼傳承的一切法教，而其中那句：「加持了悟知一即全解」，就是雪繞賞嫫阿尼經常開示的：「認出心性，一切即自解脫。」

在昆秋帕滇堪布的記憶當中，雪繞賞嫫阿尼身形高大，蓄著一頭長髮。每回他去拜會她，要對她頂禮時，她就會連忙阻止說：「你的家族曾出現過持明者，本來就是諸佛菩薩的血脈，沒有必要對如我這般平凡的阿尼頂禮。」據說她會這麼說，是因為她已到達大圓滿第四相「法性遍盡」[3]的境界，所以她所見到的一切現象，都是三身、五智的本尊顯現。

雪繞賞嫫阿尼的一生，從二十世紀跨越到廿一世紀，是上一代的老阿尼當中最後示寂的，在八十六歲那年坐化而終。在她人生的盡頭，儘管重病纏身，但她從未因而中斷禪修，並且持續唱誦〈遙呼上師・悲切短韻〉。

據說在雪繞賞嫫阿尼即將入滅之前，曾親見度母，當時她的容顏顯得很年輕，身體也縮小到猶如孩童般。她微笑地對大家說：「我要去淨土了，你們不要為我擔心，要好好地侍奉上師並和諧相處。」

雪繞賞嫫阿尼的圓寂，為囊謙給恰林畫下了一個時代的結束。她的大體在寺院裡火化，並且燒出了許多白色舍利子。

---

[3] 四相是修持大圓滿所證得有學乃至無學的一切道相，分別是：（一）現見法性；（二）證悟增長；（三）明智如量；（四）法性遍盡。

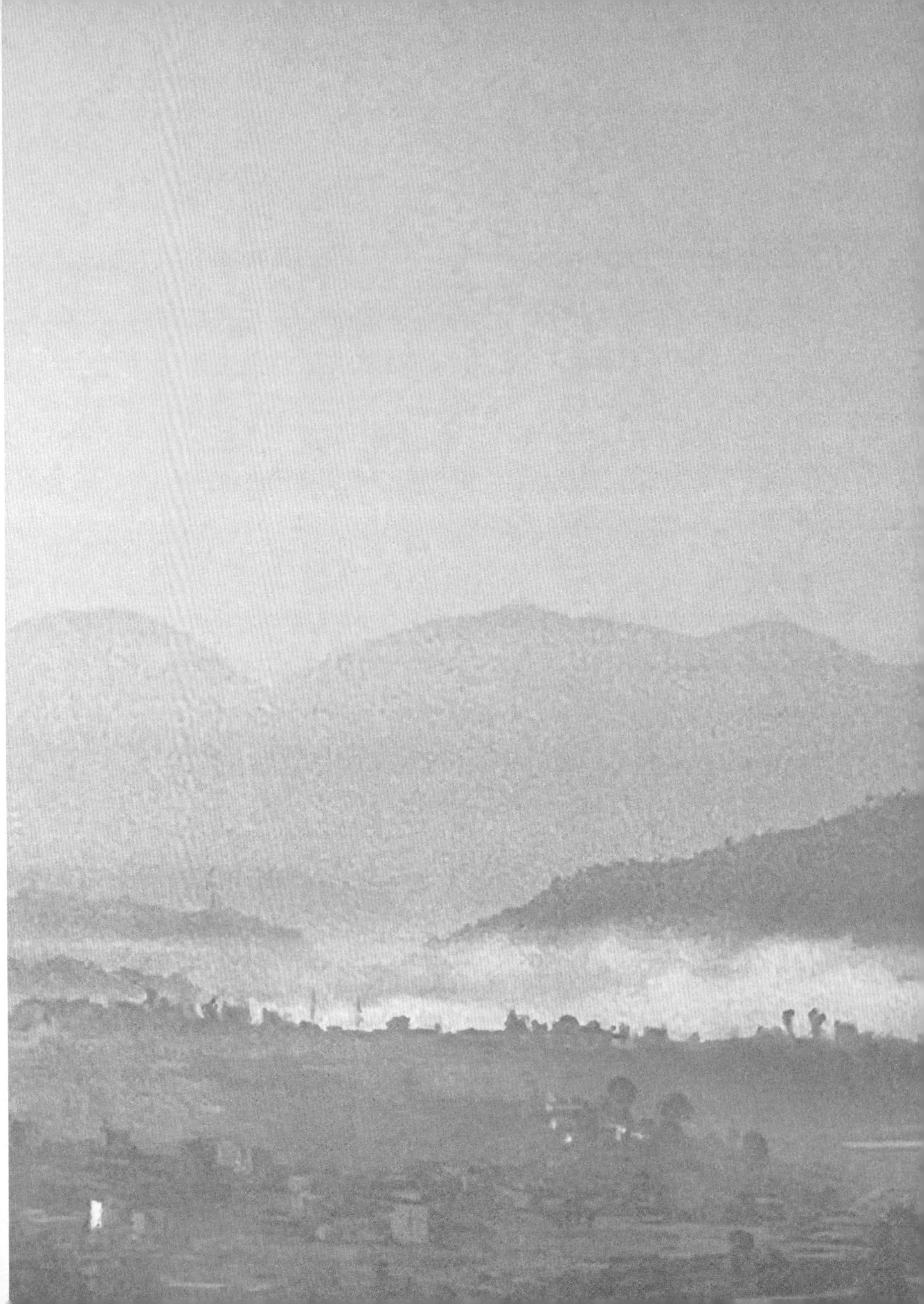

第三部 永續

打造與時俱進的佛法花園

我想,既然第一世措尼仁波切致力於培育女性修行者,我自然也有義務要讓這個傳統延續下去。

——措尼仁波切

第八章
建設兼具教育與實修的尼寺社區

> 措尼給恰林是一座培育尼眾的佛法社區，
> 包括融合佛法基礎教育與現代教育並附設幼兒園的學校，
> 以及能薈萃聞、思、修的佛學院，
> 還有實修閉關的關房與修持儀軌的寺院。

奏巴山丘上的尼寺

每天清晨四點三十分，當天色尚未破曉，尼泊爾措尼給恰學校（Tsoknyi Gechak School）當日輪值的幾位阿尼們就已經展開新的一天。她們的工作，包括每日清晨與下午固定在舊大殿修法（修法由學生們輪替修持）。另一方面，非值日的阿尼們，夏天的起床時間是五點（冬天是五點四十五分），她們會先做早操與早自習，在七點用完早餐之後，開始當天的學習。

措尼給恰林佛學院（Tsoknyi Gechak Ling Shedra）裡的阿尼，也是每天清晨五點三十分起床自習，六點三十分至禪堂共修，七點吃早餐。

這是平時措尼給恰林的阿尼們開啟一天的方式。

每天清晨與下午,當日輪值阿尼們會固定在舊大殿修法,由措尼給恰學校的學生們輪替修持。(攝影:郭怡青)

措尼給恰林坐落於囊謙西南方、喜瑪拉雅南麓的尼泊爾境內,它是由第三世措尼仁波切所建的一座尼寺。因著前世的因緣與其恩師第八世阿德仁波切的牽引,這一世的措尼仁波切與囊謙也有著深厚的連結。該寺除了承襲囊謙給恰寺優良的實修傳統之外,還提供從幼兒園到佛學院的完整教育系統。

措尼仁波切興建尼寺的悲願,緣起於昆秋卓噶阿尼等來自囊謙的五位阿尼無預期的造訪。當時由於仁波切所管理的光明寺是以僧人為主,因此,他將阿尼們安頓在帕平。然而,隨著措尼仁波切為阿尼傳法的消息傳開,吸引了更多來自囊謙的阿尼與仁波切故鄉努日的年輕女子前來求法。為了提供尼眾更好的修行環境,他

決定以光明寺與明就仁波切交換在奏巴山丘上的一塊土地,來興建尼寺。

「我想,既然第一世措尼仁波切致力於培育女性修行者,我自然也有義務要讓這個傳統延續下去。」措尼仁波切說道。

奏巴山丘位於加德滿都近郊,當地有一座古老的紅觀音寺——阿南達迪・洛克希瓦爾寺(Anandadi Lokeshwar)。據說,當年罹患痲瘋病的吉祥比丘尼,就是在此修持觀音齋戒「紐涅」而證悟。因此,將尼寺興建在這樣一塊聖地上,是再殊勝不過的緣起。

▎措尼給恰林坐落在加德滿都近郊的奏巴山丘上,當地有一座古老的紅觀音寺。據說九世紀時,吉祥比丘尼曾在此修持觀音齋戒。
(圖為紅觀音。攝影:郭怡青)

不過，當年仁波切接管此處時，這裡除了一座小殿堂之外，並無其他建物，後來才在昆秋帕滇堪布與多傑旺楚堪布（Khenpo Dorjee Wangchuk）的相繼協助下，逐步打造出今日這個兼具教育與實修的措尼給恰林。

如果說昆秋卓噶阿尼是措尼仁波切建寺的啟發，多傑旺楚與昆秋帕滇兩位堪布就猶如其左右手，前者協助經營寺院，後者協助他在尼泊爾延續措尼傳承的法教。

協助延續傳承法脈的昆秋帕滇堪布

對給恰林的深厚情感與信心

首先加入措尼團隊的是昆秋帕滇堪布，當時他剛從南卓林寺的佛學院畢業。由於他源自囊謙給恰林，因此自然成為協助傳承上師延續法脈的不二人選。

昆秋帕滇堪布年少時曾是一位血氣方剛的康巴漢子，如果在他兒時認識這位小名「賈噶」（Chaga）的孩童，可能很難想像日後他會成為一位慈悲的僧人。在十五歲的那一年，他生了一場大病，被當地知名的咒士世家的空行母達那玉噶（Dana Yuga）授記，如果不出家的話，將會不久於人世。

當時直貢噶舉（Drikung Kagyu）的噶千仁波切（Garchen Rinpoche）正好受邀到達那家族所管理的寺院弘法。因此，賈噶便在仁波切的座前皈依，並獲得法名「昆秋帕滇」。不過，由於昆

秋帕滇的母親在血脈上與倉央嘉措仁波切有連結，給恰林對他們而言有特別深厚的情感與信心。所以，後來家人還是決定將他送到給恰林的僧院然雅寺（Raya Monastery）去修習。

閉關於然雅寺

然雅寺是囊謙給恰寺的第二大分寺，寺名源自於寺院後山上的自生種子字「ར」（藏ra）和「ཡ」（藏ya）。給恰寺是為尼眾所建，然而在落成之後，也有許多瑜伽士想來閉關。隨著「多滇」（具證瑜伽士）的人數愈來愈多，第一世倉央嘉措仁波切在其上師第一世措尼仁波切指示下，在比鄰給恰寺的然雅聖地興建一座男眾關房，將尼寺和僧院分開。

在然雅寺修習的期間，昆秋帕滇堪布總共閉關過兩次，並跟隨多位上師學習包括僧人的基礎訓練、給恰林的歷史、大德傳記、醫藥與曆算等法教。不過，他在給恰林的法脈傳承，包括《倉央嘉措全集》的灌頂、口傳、儀軌，主要是來自於第三世倉央嘉措祖古的「意」化身昆秋嘉稱仁波切（Kungchok Gyaltsen Rinpoche）、貝瑪吉美咒士（Ngapa Pema Jigme）與祖古董嘎喇嘛（Tulku Donga Lama）這三位上師。

那段期間，昆秋帕滇堪布也曾造訪許多聖地，包括以大禮拜的方式到拉薩去朝聖，並曾在賈札仁波切的指示下到位於尼泊爾北方的秘境尤牧（Yolmo）[1]去閉關。然而，為他開啟另一條康莊大道的旅程是「寧瑪世界和平祈願大法會」（Nyingma Monlam

---

1 尼泊爾人稱為「赫拉姆布」（Helambu）。

Chenmo，音「寧瑪茉蘭千茉」）。

每年藏曆12月，寧瑪派六大寺院會聚集在印度菩提迦耶舉辦祈願大法會，昆秋帕滇在法會上遇到第三世貝諾法王，得知原來南卓林也修持惹那林巴伏藏法。因為白玉傳承的第一任法王昆桑謝繞持明者（Vidhyadhara Kunzang Sherab, 1636-1699）是惹那林巴伏藏法主之一的大伏藏師明珠多傑（Great Terton Migyur Dorje, 1645–1667）與恰美仁波切的弟子，因此，白玉傳承也承襲了惹那林巴伏藏法。由於惹那林巴伏藏法是措尼傳承的核心法教，在得知這樣的淵源之後，昆秋帕滇決心前往南卓林寺佛學院去接受更完整的佛學教育。

舉辦百日閉關，籌措建寺資金

佛學院畢業之後，昆秋帕滇前往尼泊爾拜訪他的傳承上師措尼仁波切。由於當時已經有十幾位囊謙阿尼被仁波切安置在帕平，因此，仁波切希望昆秋帕滇洛本能夠留下來指導她們。

「我對措尼傳承與仁波切有絕對的信心，因為我在家鄉時曾親眼目睹給恰寺許多成就者的聖蹟。」2018年陞座為堪布的昆秋帕滇說明當初他決定留下來協助措尼仁波切的原因。

如是，在仁波切的託付下，昆秋帕滇堪布開始在帕平舉辦百日閉關，根據「龍欽心髓」教導四共、四不共的前行法教。然而，隨著前來求法的阿尼人數愈來愈多，帕平公寓的空間也變得十分擁擠，阿尼們甚至無法躺平睡覺。更棘手的是，偏偏老鼠橫行，且不時還會有不請自來的樑上君子，趁著阿尼們外出時，偷走她們

辛苦積攢的微薄生活費，就連鍋碗瓢盆也不放過！

在那段期間，阿尼們雖然也曾搬過一次家，不過為了解決各種現實層面的問題，讓她們可以無後顧之憂地學佛修行，措尼仁波切再度立下弘願——興建措尼給恰林。他的願景是在奏巴山丘上打造一座能夠從小培育尼眾的佛法社區，包括融合佛法基礎教育與現代教育並附設幼兒園的學校，以及能鞏固聞、思、修的佛學院，還有實修閉關的關房與修持儀軌的寺院。

「近年來隨著大眾愈來愈重視尼眾的發展，尼寺也愈建愈多，不

來自囊謙給恰林的昆秋帕滇堪布協助措尼仁波切在尼泊爾延續措尼傳承的法脈。
（攝影：Bella Wilshire）

第三部　永續——打造與時俱進的佛法花園

過有些尼寺只有大殿而無關房，或有些雖有關房但無佛學院，或有些雖有佛學院但無現代教育的學校，或有些雖有學校但無幼兒園等等。總之，我想提供的是一個全方位的學習環境，讓小阿尼們能從幼兒園一路讀到學佛院，同時也能實修閉關。」措尼仁波切說道。囊謙給恰寺只有寺院與關房，儘管阿尼們在實修方面皆有功力，卻很難提升地位而獲得應有的尊重，唯有透過教育才能夠落實男女平權。

「過去男女之所以會不平等，部分原因是因為女性的教育程度普遍較低。因此，在社會上很難與男性競爭，這也就是為什麼我想打造一座有學校與佛學院之尼寺的原因。」措尼仁波切說道。

猶如羅馬不是一天造成的，要打造如此一座全方位的寺院，自非易事。首先，他們面臨的是所需資金龐大的現實問題，這一方面由措尼仁波切一肩擔起。當時仁波切為了籌備經費，經常四處奔波尋找功德主。

建立完善的尼寺社區

另一方面，負責指導並照顧尼眾生活起居的昆秋帕滇堪布也是十分勞心勞力。2010年他們剛搬到奏巴山丘時，上山的道路尚未修繕，經濟條件十分拮据，不像現在三餐皆由寺院供應。那時，他們既沒車也沒錢，阿尼們外出買菜都要自己扛上山，還得四處去幫人誦經修法來維生。而堪布印象中最辛苦的莫過於照顧生病的阿尼，因為早期的阿尼都來自青藏高原或喜馬拉雅山區，她們一時都難以適應低海拔的環境，導致身體不適，堪布經常要帶她們下山就醫。

第三世措尼仁波切延續前兩世措尼仁波切的願景培育尼眾，為她們打造一個完善的佛法社區。（圖片來源：措尼傳承尼眾圖庫）

第三部 永續──打造與時俱進的佛法花園

凡事起頭難，儘管在建寺之初，尼寺不論軟體或硬體設施都尚未健全，他們依然在這樣的狀態下刻苦運行。昆秋帕滇堪布還記得，當時他們的任務之一是彙整代表佛語的法本。這是一項浩大的工程，過去這些年來，他們已經整理了許多關於措尼傳承與寧瑪派的重要法教，迄今仍在收集關於第一世措尼仁波切的法教。

另一方面，因為尼眾需要教室與宿舍，尼寺的設施也馬不停蹄地在進行。所幸在十方大眾的支持與措尼仁波切的帶領下，他們熬

過了艱辛的草創時期。措尼給恰林的藍圖——從佛學院、學校、關房到新佛堂等各大設施，也逐一實現，落實了仁波切構想的全方位佛法社區。

首先竣工的建築，是落成於2013年的措尼給恰學校，接著是於2015年完工的佛學院，爾後又於2017年興建關房。然而，隨著尼寺的名聲日益響亮，從各地慕名而來的阿尼人數愈來愈多，為了提升阿尼們的學習環境，他們又分別於2023年、2024年啟動了新佛堂與新學校的建設計畫，同時也興建了提供海外學生使用的國際閉關中心。隨著從措尼給恰學校畢業後而進入佛學院的學生人數愈來越愈多，目前佛學院的空間已不敷使用。因此，措尼仁波切的下一個願景便是擴建佛學院。

教育是落實兩性平權的基石

措尼給恰林的學習系統原則上可分為兩大類：第一類屬於教育層面，包括符合尼泊爾教育制度的學校，以及以寧瑪派法教為基礎的佛學院。第二類屬於修行層面，是以「措尼傳承」為核心的寺院與閉關中心。

剛加入措尼給恰林的新成員，通常會加入寺院僧團，藏語稱為「札桑」（Trasang），這是任何一座藏傳寺院最基本的體系，平時負責打理寺院與修法。當「札桑」阿尼們逐漸熟悉環境並作好學習的準備之後，會依年齡、經驗、能力與個人意願等多重考量，選擇進入學校、佛學院、閉關或繼續留在寺院僧團裡學習。

措尼給恰學校是一所以佛學思想為基礎但依循尼泊爾教育體系的私校，大部分的學生來自努日等偏鄉地區。長久以來，尼泊爾的社會結構以男性為尊，即便是在廿一世紀的今日，女性的教育程度仍普遍低於男性，甚至不被重視，尤其出身在貧困家庭的女子，可能毫無上學的機會。措尼仁波切認為缺乏教育是導致偏鄉女子在社會上低人一等的一大關鍵，因此，他的弘願是提供她們一個結合佛法智慧與現代教育的學習環境。

2011年在學校的建築尚未完工之前，措尼給恰學校就已先行運作，目前他們提供幼稚園至八年級的教育，儘管大部分的學生在完成基本尼泊爾的基礎學測（Basic Level Examination）之後，就會進入佛學院繼續深造，不過也有少數學生會因家庭或個人因素選擇離開僧團。

▍措尼仁波切很重視教育，他為小阿尼們提供一個佛法與現代教育相輔相成的學校，讓古老的智慧與現代接軌。
（圖片來源：措尼傳承尼眾圖庫）

「措尼給恰學校的特色是融合現代教育與佛法概念，因此我相信那些在畢業後選擇離開的學生，在面臨社會競爭的同時，也能保有正念與善心。」措尼仁波切說道。

措尼給恰林的佛學院是以寧瑪派的教育為基礎，2010年當佛學院的建築仍在興建時，阿尼們先是在舊大殿樓上的教室上課。起初他們導入南卓林前譯措嘉謝竹林尼寺（Ngagyur Tsogyal Shedrupling Nunnery）的學制，包含一年共識課程與九個學年的十年教育。不過自2023年起，他們將學制改成三年基礎加七個學年的體系。基礎課程涵蓋文法與佛學概論等學科，一至五年級教導《入菩薩行論》、《中觀》等從小乘到大乘的共通法教；六、七年級則是關於大圓滿等金剛乘的不共法教。

「我覺得就讀佛學院很重要，在這裡我們可以從基礎到密法、理論到實修，學習到完整的法教。」自措尼給恰林佛學院畢業的欽雷帕嫫洛本瑪（Löpenma Trinley Palmo）目前協助管理佛學院，她指出佛學院學生所學習的不僅是佛法義理，還有如何獨自實修。這一點非常重要，因為沒有任何一位上師可以隨時隨地都在弟子身邊指導。

栽培一位阿尼從學生至「洛本瑪」需要十年的時間，目前已有兩屆「洛本瑪」分別於2020年、2021年畢業，如同欽雷帕嫫洛本瑪，她們也都在給恰林的佛學院或學校服務。不過，由於這之間有幾年佛學院並無新生加入，因此要到2028年才會有第三屆的畢業生。

多傑旺楚堪布——措尼給恰林的執行長

學習佛法是最有意義的事

2011年加入措尼給恰林經營團隊的多傑旺楚堪布，目前是團隊的第二把交椅，身兼佛學院院長與尼寺執行長的要職。

多傑旺楚堪布來自西藏的推龍地區，他自幼便很喜歡寺院的氛圍，常常親近寺院。不過，當時的他並無出家的念頭，只是每次看到身穿紅袍的僧眾就覺得倍感親切。

學生時代的多傑旺楚，將心思全都放在讀書上。小學畢業後，他為了接受更完善的藏式教育，於是在家人的支持下，於1990年隻身前往尼泊爾去投靠親戚確吉尼瑪仁波切。確吉仁波切的母親昆桑德謙（Kungsang Dechen）本身亦是位很有證量的瑜伽女，當她得知多

多傑旺楚堪布是措尼給恰林的佛學院院長兼執行長，多年來協助措尼仁波切發展佛行事業。（攝影：Tenzin Choegyal）

卡寧謝竹林的住持確吉尼瑪仁波切（右）是措尼仁波切（左）的大哥，亦是當今重要的佛學上師之一。（攝影：Tenzin Choegyal）

傑旺楚的志向之後，便對他說：「既然你那麼喜歡學習，為什麼不出家？這世間沒有任何學問比學習佛法更有意義，不是嗎？」

多傑旺楚聞言深覺有理，於是便與父母商量，長輩們也認可這個建議，母親甚至對他說：「我覺得你從小就很有佛緣，這必然是前世的業力牽引。」

由於家族的因緣，多傑旺楚起初是在確吉尼瑪仁波切位於博達納特（Boudhanath）的卡寧謝竹林寺（Ka-Nying Shedrub Ling Monastery）剃度出家。加入僧團之後，他首先學習藏文文法，後

來又跟隨來自西藏的堪布學習《親友書》、《中觀》等經論。那段期間，多傑旺楚更加肯定出家是正確的選擇，因為自己真的很喜歡閱讀經論。不過，由於當時卡寧謝竹林寺尚未成立佛學院，於是他在1997年毅然遠赴位於南印度的寧瑪派大寺南卓林寺深造。

擔任佛學院院長，建立規章

從佛學院畢業之後，多傑旺楚洛本先在南卓林寺服務了幾年。爾後，在措尼仁波切的邀請下，於2011年到措尼給恰林擔任佛學院院長，同時也幫忙管理寺院、監督工程等各種業務，並於2018年陞座成為堪布。

多傑旺楚堪布是位非常博學的僧人，儘管他本身並非源自於措尼傳承，但他很認同措尼仁波切培育尼眾的理念，這些年盡心協助仁波切一步步地實踐其願景。雖然多傑旺楚堪布來到措尼給恰林時，佛學院已經在缺乏設施的情況下先行運作，不過是自他接任院長之後，才建立起各種規章。

「我很喜歡管理尼寺，因為阿尼們通常比較守規矩，不似一些年輕僧眾有時比較容易衝動。所以，我不用擔憂她們會惹麻煩，可以將心思專注在如何提升她們的學習品質上。」多傑旺楚堪布指出，管理措尼給恰林最大的挑戰並非校務本身，而是不時要與當地政府與居民交涉協調。

措尼給恰林水源不足的挑戰

自措尼給恰林在奏巴山丘建寺以來，由於尼寺不斷地在擴建中，因此，堪布經常要與相關單位交涉如水、電、道路等各種民生

設施的建設。其中牽扯到許多複雜的因素,包括建設經費以及與當地居民的利益衝突等。早年奏巴山丘的路況很差,要抵達尼寺並不容易,供水、供電都很困難。不過,近年來道路建設與電力不足的情況已經大為改善,現在從市區可以直接開車上山抵達尼寺,也不會再常常斷電,唯獨水源不足的問題迄今依然無解。

長久以來,奏巴山丘本身就存在著缺水問題。因此,當措尼給恰林開始建設之後,當地居民認為外來的尼眾搶走他們原本就已有限的水源。儘管寺院已取得官方的挖井許可,但由於遲遲未能與當地居民達成使用權上的共識,因此始終無法動工。

坐落奏巴山丘上的措尼給恰林與村落之間的水源問題,迄今是個難解的議題。
(攝影:郭怡青)

為了不影響當地居民用水，自建寺以來，院方每天只有早上七點三十分至七點四十五分才會來水。因此，阿尼們在每日早餐後，必須利用這短短的十五分鐘蓄水備用。當然，光靠這些蓄存下來的水，根本無法支撐寺院一天龐大的用水量，因此院方還需要從山下額外購買桶裝水運送上山使用。

所以，儘管措尼給恰林從一個簡陋的小殿堂發展迄今，無論是在硬體或軟體方面，都已堪稱是尼泊爾數一數二的藏傳尼寺，衛浴設備也齊全，美中不足的是洗手間裡的水龍頭猶如裝飾品般，無法隨時供水。早年曾在措尼給恰林掛單過的法友們都知道在國際閉關中心成立之前，無論是洗手、沖澡或如廁，都必須自己手舀有限的備用水沖洗，更遑論能洗到熱水澡！

而今國際閉關中心裡的水龍頭雖然打開就有水，但其實那些都是每天從山下運送上山的珍貴水源。阿尼們平時的生活起居，依然是靠每天儲備的水，水源問題短期內仍難以解套。不過，對於想要學佛的偏鄉女子而言，任何外境上的不便其實都微不足道，因為沒有任何事情比起追尋心靈甘露來得更加重要。

措尼傳承的「三身閉關」

措尼給恰林的心靈甘露，除了現代教育與佛學理論，也十分重視實修。落成於2017年的佩瑪丘卓關房（Pema Chodron Drubde），在尼泊爾延續了措尼傳承不共的「三身閉關」修持。

在大多數的寺院，三年閉關的第一年會修持前行，第二年才進入

正行，並以「三根本」[2]的修持作為生起次第。然而在給恰林，阿尼們在閉關之前就必須先完成前行，入關後直接切入正行，以惹那林巴的伏藏法《最精華總攝意修》為基礎，結合三身成就的精華。

入關的第一年，她們會修持與瑪哈瑜伽相關的「化身」，以生起次第為核心，將一切現象轉化為清淨。到了第二年，她們會修持關於阿努瑜伽的「報身」，透過修持「氣脈功法」，將「業」的微細身轉化為智慧身。而在進入第三年之後，她們則會修持連結阿底瑜伽的「法身」，藉由「立斷」與「頓超」的修持，將二元執取淨化為真如法性。

如是，就次第而言，措尼傳承的「三身閉關」，是在三身的架構上修持瑪哈、阿努、阿底瑜伽，從閉關之前的前行開始，遂而進入「氣脈功法」、「立斷」與「頓超」的修持。同時，她們也會修持「幻輪」、「夢瑜伽」、「明光」、「頗瓦法」與「斷法」等，所有我們平時在〈遙呼上師・悲切短韻〉中祈請上師加持成就的法門。

一般而言，所謂的「三年閉關」，是以三年三個月為一個單位，不過由於三身修持的內容極為龐大，只閉關一次其實是不夠的，至少也要修持九至十三年才有可能圓滿。其實其他傳承的閉關也是如此，若真要好好地修持，一次閉關並不足夠，這也是為何昔日在西藏，有許多瑜伽士在一生當中會反覆閉關，甚至終身閉關的原因。

2　「三根本」是指上師、本尊、空行。

措尼傳承以實修聞名,目前已有兩屆阿尼圓滿三年三個月的閉關。(圖片提供:Tenzin Choegyal)

措尼給恰林的資深阿尼昆秋卓噶是第一屆在措尼給恰林閉關的七位阿尼之一,在此之前,其實她已經分別在故鄉囊謙與帕平閉關過兩次。因此,當她圓滿第三次的閉關後,與另外兩位阿尼一起陞座為金剛阿闍黎。

金剛阿闍黎昆秋卓噶──三年閉關的主要導師

跟隨具證瑜伽女學習措尼傳承的法教

生於1969年的昆秋卓噶來自囊謙的一個小村落,她的父親在她年僅四歲時便過世,獨留母親一人辛苦扶養三個孩子長大。因此,昆秋卓噶自幼便對於世間的無常與痛苦有所體悟,一心想要出

家，卻苦於機緣不足，無法如願。直到十四歲的那一年，時逢噶千仁波切至其村落舉辦竹千法會，她才有機會在仁波切座前皈依、獻髮。

不過，當時昆秋卓噶未能直接出家，是因為母親在一年之前才剛改嫁，身為長女的她必須幫忙分擔家務，包括照顧弟弟、妹妹，以及看顧牛、羊等，而家人也已無餘力負擔她的道糧。噶千仁波切在瞭解她的家庭狀況之後，慈悲地對她說：「我的寺院離你家太遠，對你來說並不方便，待因緣成熟時，你就到給恰寺去出家吧！」

兩年之後，昆秋卓噶聽說囊謙大王子阿千仁波切（Achen Rinpoche）將在給恰寺傳授《倉央嘉措全集》的灌頂、口傳與教授，給恰寺各分寺的僧尼們都會前往，她也很想領受法教，因此，再度向家中表達想出家的意願。而這一次，她終於獲得家人的支持，繼父甚至同意贊助她的道糧。

▎囊謙王子阿千仁波切（右）是囊謙給恰寺的主要上師之一。（圖片提供：昆秋帕滇堪布）

昆秋卓噶年幼時並無機會接受正規教育，因此在進入給恰寺之後，她從最基本的讀書、寫字開始學習。同時也開始修持前行，爾後又跟隨蔣揚德琼、雪繞賞嫫、帕嫫阿尼等給恰寺當代知名的具證瑜伽女，學習「氣脈功法」、大圓滿等揩尼傳承的殊勝法教。

在昆秋卓噶阿尼十九歲的那一年，囊謙給恰寺發生一件令人振奮的盛事，第三世揩尼仁波切在阿德仁波切與阿千仁波切的邀請下，從尼泊爾前來參加該寺最著名的《最精華總攝意修》竹千法會！儘管當時揩尼仁波切還很年輕，但給恰寺的僧尼們都對他們的傳承上師充滿虔敬心，昆秋卓噶阿尼也有機會親見上師。

不久之後，完成前行的昆秋卓噶阿尼獲得了閉關的機會，主要是跟隨蔣揚德琼、雪繞賞嫫阿尼等習法。不過，有時阿千仁波切也會前來指導，開示「無常」、生起次第、圓滿次第等。

踏上漫漫的求法之旅

出關之後，昆秋卓噶阿尼在寺院裡繼續修行，如此平靜地過了幾年。直到弟弟結婚，家中的經濟條件產生變化，無論是農耕或牧牛都需要人手，因此家人希望她能夠回家幫忙家務。儘管他們並未要求她還俗，但他們也已經無法繼續再為她提供道糧了。

然而，昆秋卓噶阿尼心裡有數，一旦返家，生活的重心必然會回到無意義的世俗雜務上，那樣只會離解脫愈來愈遙遠。

「拋棄故鄉佛子行」，此時，昆秋卓噶阿尼想起十四世紀的無著賢菩薩在《佛子行三十七頌》中的開示。在遙遠的尼泊爾還有一

位傳承上師措尼仁波切，聽說仁波切在海外的寺院有提供免費的僧眾教育，她心想：「或許仁波切也可以幫我？」於是她下定決心要到尼泊爾去尋找措尼仁波切。

1993年藏曆9月，當囊謙的冬意漸濃，昆秋卓噶趁著蒼茫大雪尚未覆蓋雪域之前別了家鄉，與另外兩位也想到尼泊爾尋訪上師的阿尼——多傑拉嫫（Dorje Lhamo）、蔟慶拉嫫（Tsutsin Lhamo），一起踏上漫漫的求法之旅。

這一路，她們三人時而步行，時而搭車，後來又在途中結識另外兩位也想到尼泊爾求法的阿尼。於是五人結伴經由拉薩、日喀則等地，翻越神聖的岡仁波齊雪山，風塵僕僕地來到尼泊爾。

成為首屆金剛阿闍黎

由於當時的措尼仁波切還在擔任光明寺的住持，因此，阿尼們最初是暫居在斯瓦揚布納特。1994年初，貝諾法王受邀到雪謙寺傳授《大寶伏藏》，昆秋卓噶阿尼也前往領受法教，並且在雪謙冉江仁波切座前領受沙彌尼戒。爾後，措尼仁波切將這幾位來自囊謙的阿尼們安置在帕平的一間小公寓裡，由昆秋帕滇堪布負責指導。

但是後來又陸續來了一些阿尼。隨著人數的增加，他們搬過一次家，也就是在那段期間，昆秋卓噶阿尼圓滿了第二次的三年閉關。後來措尼仁波切決定建寺，住在帕平的阿尼們也於2010年先行搬到當時僅有一個小殿堂的奏巴山丘，繼續在昆秋帕滇堪布的指導下修行。

▎來自囊謙的昆秋卓噶阿尼（中），是措尼給恰林首屆的金剛阿闍黎。（圖片來源：措尼傳承尼眾圖庫）

在措尼給恰林建寺的期間，昆秋卓噶阿尼曾跟隨措尼仁波切返回家鄉囊謙，並且在阿德仁波切座前領受《惹那林巴全集》的灌頂、口傳與教授等。那年她三十五歲，是給恰寺新生代的尼眾當中備受阿德仁波切賞識的一位。

隨著措尼給恰林的硬體設施一一落成，昆秋卓噶阿尼在圓滿第三次的三年閉關後，成為該寺首屆的金剛阿闍黎，目前由她負責修法。同時，她也是三年閉關的主要導師。

昆秋帕嫫洛本瑪——措尼給恰林的未來

從山野荒地裡的一間陳舊殿堂開始，隨著措尼仁波切的願景逐一實現，如今的措尼給恰林已發展成為一座頗具規模的全方位尼寺。佛學教務與寺院管理由多傑旺楚堪布負責，閉關實修有昆秋帕滇堪布與昆秋卓噶金剛阿闍黎帶領，讓措尼仁波切可以無後顧之憂地到各地弘法。

熟習英文與藏文

如果說他們是措尼給恰林過去緣起的承繼者與現在維持的管理者，那麼未來延續的重任，將會落在昆秋帕嫫洛本瑪（Löponma Kunchok Palmo）的肩上。昆秋帕嫫洛本瑪是措尼仁波切的長女，目前她擔任尼寺的願景與發展部長（Head of Vision and Development），工作內容包括如何創新並與世界接軌，而待有天仁波切示現無常之後，將由她接任住持。

措尼仁波切（左）的長女昆秋帕嫫洛本瑪（右）自南卓林的尼寺畢業後，跟隨父親的佛行事業利益尼眾，是措尼給恰林未來的接班人。（攝影：Tenzin Choegyal）

1992年出生於加德滿都的昆秋帕嫫，自幼就讀英語系統的學校，儘管她平時在家中會與父母說藏語，但能夠流暢讀寫，則要歸功於她的叔公昆吾格朗（Kungu Kelang）。

昆吾格朗是祖古烏金仁波切同父異母的弟弟，亦是一位終身閉關的瑜伽士。他除了有滿腹的佛學素養與修為外，也寫得一手好書法。昆秋帕嫫自幼就與叔公很親近，每次只要一有假期，她就會去找叔公聊天。那是她童年愉悅的記憶，因為叔公除了會教導她如何書寫藏文，還會對她述說許多關於他以前在西藏時的故事。

藏文是一種與佛法關係密切的語文，關於它的起源雖然有不同的說法，不過一般普遍認為，在七世紀以前，藏語原本只有口語而無文字。後來松贊干布為了要翻譯佛經，於是派遣語言學家吞彌桑布扎（Thonmi Sambhota）到天竺去學習梵文，並創立了藏文。因此，藏文裡有許多佛法用語，即便是藏人也不一定看得懂。

學生時代的昆秋帕嫫也曾問過叔公：「為什麼藏文不似英文那般容易理解，即便會閱讀，也不一定能夠瞭解其意？」

「如果妳想瞭解其意，就要去佛學院。」叔公如是回答。

語言是一個民族的文化底蘊，也許是這樣的緣起在冥冥之中為她開啟了日後的出家之路。讓一個從小接受現代教育，甚至到美國就讀中學的年輕女子，能夠毫無隔閡地從現代學府銜接佛學院。

其實在出國深造之前，昆秋帕嫫並未特別想過是否出家這件事，因為自幼生長在佛法世家，佛法對她而言本就是個理所當然的

措尼仁波切認為寺院的未來需要靠年輕世代不斷地創新，才能跟得上時代的腳步。（圖為措尼仁波切〔左〕、堪千徹旺嘉措仁波切與昆秋帕嫫洛本瑪〔右〕合影於南卓林寺。攝影：Tenzin Choegyal）

存在，就如上學也是一件理所當然的事。然而，當她進入中學之後，逐漸發現其實自己真正想學習的是佛法，在與父親措尼仁波商量之後，便決定要就讀佛學院。

當時他們父女二人去參觀了幾所寧瑪派和噶舉派的尼寺，覺得南卓林寺的前譯措嘉謝竹林尼寺有最完善的佛學院。因此，2007年末，昆秋帕嫫便在「寧瑪世界和平祈願大法會」的期間，到菩提迦耶拜會貝諾法王，在法王的許可下，於翌年的藏曆新年赴南卓林寺出家受戒。

協助措尼仁波切的佛行事業

在完成十年佛學院的學業之後，成為「洛本瑪」的昆秋帕嫫開始協助措尼仁波切的佛行事業。對於一座闡述古老智慧的尼寺而言，昆秋帕嫫洛本瑪所負責的「願景與發展」是一個非常新穎的概念。這是由於措尼仁波切認為在這個瞬息萬變的時代，寺院的管理不能再一成不變，佛學教育必須與時俱進，才能不斷地提升，提供阿尼們最好的學習環境。

「過去只有我一個人在導入一些新的想法，但我經常要到各地去傳法，所以我覺得這個工作更適合昆秋帕嫫洛本瑪。她的觀察力很敏銳，能夠為尼寺帶來許多新的觀點。」措尼仁波切說，寺院的未來需要靠年輕世代不斷地創新，才能跟得上時代的腳步。

自2023年起，南卓林寺已開始授予「堪嫫」頭銜。因此，昆秋帕嫫洛本瑪目前回印度母校去服務，在不久的將來，她也會成為「堪嫫」。

在實修方面，昆秋帕嫫洛本瑪主要師事於明就仁波切、措尼仁波切、堪千南卓仁波切等當代大圓滿、大手印的上師，以及曾多次親見本尊的傳奇女上師康卓策琳昆噶布瑪（Khandro Tsering Kunga Bum-ma）。

── 第九章 ──
重振空行聖地的噶舉派尼寺

> 噶貢寺三位阿尼
> 從三千七百多公尺高的慕克蒂納徒步下山,
> 來到加德滿都請求措尼仁波切的協助。
> 仁波切自此擔負起重振噶貢寺的責任,
> 為她們興建僧寮、大殿,以改善生活環境。

措尼仁波切重振噶貢寺的因緣

措尼仁波切在尼泊爾的佛行事業,是透過「措尼尼眾福利基金會」(Tsoknyi Nuns Welfare Foundation)來運作。在這個非營利組織的大傘下,除了寧瑪傳承的措尼給恰林之外,還包括竹巴噶舉傳承的措尼噶貢林(Tsoknyi Gargon Ling)[1]與「喜馬拉雅兒童教育(Himalayan Children Education)」計畫等。

措尼噶貢林坐落在喜馬拉雅山麓的空行母聖地——慕克蒂納(Muktinath),藏人稱之為「曲米嘉刹」(Chumi Gyaltsa),意

---

[1] 全稱為「措尼噶貢曲米德千確林」(Tsoknyi Gargon Chumig Dechen Choeling)。

坐落在喜馬拉雅山麓的措尼噶貢林，是由措尼仁波切管理的噶舉派尼寺。
（攝影：Bella Wilshire）

即「百泉水之地」。坐落於海拔約三千七百多公尺的慕克蒂納位於尼泊爾中北部，是銜接上木斯塘（Upper Mustang）與下木斯塘（Lower Mustang）的玄關口，也是昔日尼泊爾與西藏交流的貿易通道。北鄰西藏的木斯塘曾經是一個藏裔王國，自1795年起隸屬尼泊爾，直到2008年尼泊爾廢除君王制之後，木斯塘也順理成章的成為尼泊爾聯邦民主共和國（Federal Democratic Republic of

Nepal）[2]的一個地區。

措尼噶貢林的前身是一座竹巴噶舉的尼寺——噶貢寺（Gargon Nunnery），約莫在西元1660年左右，由當地的滇津惹巴（Tezin Repa）尊者所創建。在他的色身融入法界之後，先後曾有來自藏地的桑傑巴桑（Sangye Pasang）與穹波惹巴喇嘛（Lama Khyungpo Repa）前來傳法，後來又由穹波惹巴喇嘛的轉世祖古耶謝董竹喇嘛（Lama Yeshe Dondrup）接管尼寺。

措尼仁波切自1991年接管措尼噶貢林後，擔負起培育當地尼眾的責任。（圖為措尼仁波切〔右二〕帶領尼眾修持勝樂金剛法會。攝影：Bella Wilshire）

2　此是尼泊爾自2008年廢除皇室後的正式名稱。

然而，自耶謝董竹喇嘛圓寂之後，尼寺有約莫三十五年的時間沒有上師帶領，殿堂也早已破舊不堪，只能仰賴昆秋確尊阿尼（Ani Kunchok Chodron）等幾位資深的阿尼勉強支撐。無論是在管理層面的維持或法教的延續，都由於因緣的不足，而難以為繼。

慕克蒂納有四個在文化上深受西藏影響的村落，那裡長久以來家家戶戶都篤信佛教。傳統上，他們的家中若有三個兒子或女兒，通常中間的兒女就會出家。不過，由於噶貢寺有很長的一段時間並無上師住持，因此女性出家的風氣也就逐漸式微。

阿尼們一致認為，她們需要有一位具德上師來引領。於是便請求相同傳承的竹巴仁波切昂旺康冉（Drukpa Rinpoche Ngawang Khanrap）來當她們的上師，但尊者卻說措尼仁波切才是她們的具緣上師，請她們去向他求法。

於是在1991年，由三位資深的阿尼從慕克蒂納徒步下山，到加德滿都去請求措尼仁波切的協助。自此，仁波切便擔負起重振噶貢寺的責任，為她們興建僧寮，改善生活環境，並於2011年興建新的大殿。

自從措尼仁波切接管噶貢寺以後，女性出家的風氣又逐漸復甦，前來學法的阿尼也逐年增加，目前負責管理措尼噶貢林分寺的伊喜帕嫫阿尼（Ani Yeshe Palmo）就是其中之一。

▎措尼噶貢林的分寺唐卓林位於加德滿都近郊,主要以佛學院和關房為主。
(攝影:郭怡青)

第九章 重振空行聖地的噶舉派尼寺

措尼噶貢林分寺──唐卓林

措尼噶貢林的分寺──唐卓林（Tangdroling）──位於加德滿都近郊斯瓦揚布納特佛塔附近的希塔拜拉（Sitapila）。那裡原本是布圖仁波切（Bhumtul Rinpoche）所住持的唐卓林，因此，阿尼們迄今依然習慣如此稱之。

唐卓林會成為措尼噶貢林分寺的緣起，要從措尼噶貢林地處偏遠的情況談起。承襲竹巴噶舉傳承的措尼噶貢林，主要師資是來自北印度的札西炯，然而，隱藏在喜馬拉雅山麓的慕克蒂納不僅路途遙遠，冬天更是被皚皚白雪覆蓋，道路阻隔。因此，要聘請願意長期在山上教學的堪布並不容易。為了確保阿尼們能夠獲得良

唐卓林於2020年年底成立了幼兒園，讓年幼的小阿尼們不再每天舟車勞頓地往返措尼給恰林去上學。（攝影：Bella Wilshire）

第三部 永續──打造與時俱進的佛法花園

好的佛學教育，措尼仁波切在希塔拜拉租了一間小公寓，讓她們能夠下山學習。

起初幾年，措尼噶貢林的阿尼們就猶如候鳥般，每到冬季就會下山到希塔拜拉來學習，夏天再回山上。隨著阿尼的人數逐年增多，小公寓自然也就變得愈來愈擁擠。

後來布圖仁波切得知此事之後，慈悲地讓出唐卓林給她們使用，自此措尼噶貢林在加德滿都的近郊有了分寺。措尼仁波切也為尼師們興建關房，第一批閉關的尼師共有八位，伊喜帕嫫阿尼也在其中。

目前措尼噶貢林約有九十位阿尼，只有五名年長的阿尼因為行動不便，長年留守在慕克蒂納。有部分的阿尼會往返兩地，而佛學院以及中小學、幼稚園的學生則住在唐卓林。

由於措尼噶貢林只有佛學院而無學校，想讀書的小阿尼們每天就必須從唐卓林坐校車到位於奏巴山丘的措尼給恰林上學。如此舟車勞頓，對於年幼的孩子而言，身體無法負荷。因此，自2020年歲末起，措尼仁波切在唐卓林成立了幼兒園，讓她們無須再通勤，不過升了小學之後還是必須要到措尼給恰林去上課。

第十章
助學偏鄉兒童

{ 「喜馬拉雅兒童教育」計畫，
贊助想要繼續升學的孩童到加德滿都就學。
讓來自偏鄉的孩子在接受現代教育的同時，
也能保有藏人的傳統文化。 }

偏鄉兒童就學的困境

第三世措尼仁波切向來注重教育，他認為在學習佛法的同時，也要尊重世俗諦的法則，善巧地與社會接軌，如此才能利益更多眾生。尤其是在現今這個資訊發達的年代，金剛乘的法教早已走出了藏地，弘法也需要良好的外語能力以及對於不同文化的理解。

自幼在努日偏鄉長大的措尼仁波切，年幼時並無機會接受現代教育，後來為了在海外弘法才開始學習英文，過程其實並不容易。因此，他希望能夠給阿尼們更好的學習環境，讓她們未來無論身在何處都能開拓出屬於自己的一片天地。同時，仁波切也希望家鄉的孩子都能獲得升學的機會，因此，他的慈善事業還包括贊助努日的學童就學。

隱藏在喜馬拉雅山麓裡的努日生活單純而樸實。從心靈層面而言，當地人可以說是十分富裕，然而就世俗的標準來說，他們無論在經濟或學術方面都相當落後，衛生問題更是不在話下。

舉例而言，當地人家多以農牧維生，儘管動物豢養在一樓，居民住在二樓，但人、畜之間的界線並非壁壘分明，家禽尤其喜歡四處亂跑，經常不請自來地進入二樓的住宿空間。因此，屋內也處處可見雞毛與雞屎，衛生條件落後可想而知。

此外，大多數的家庭也無現代化的設備，凡事皆須靠人力維持。例如：煮飯必須燒柴起火，用水必須至戶外面打水，犛牛需要有人看管，還有其他瑣碎的農務也需要靠勞力維持。因此，當地的孩子從小就必須分擔工作，幫忙上山放牛或下田耕種。在這樣的前提下，孩子們的教育問題通常不是父母的優先考量。

另一方面，學校本身的不完善也是一大問題。由於努日人口稀少，師資難求，因此當地只有一所小學，設在位於努日北端的桑瑪村，然而村落與村落之間山川相隔，鄰近村落的孩子都必須走一、兩個小時的山路去上學。再加上該校的學制只到五年級，然而依照尼泊爾目前的教育體系，如果沒有至少十二年級的學歷（相當於高中畢業），其實很難找到好工作。

換句話說，如果在小學畢業之後，學生還想繼續升學，就只能到外地去讀書，大多數的家庭根本負擔不起學費。因此，對就讀小學是否具有意義也充滿疑慮。

學得一技之長，改善生活品質

教育的貧乏，導致努日居民們只能代代在山上承襲這種幾近原始的農牧生活，卻難以改善衛生、醫療等各種因貧瘠而衍生出的問題。女性更是難逃早婚、持家、育兒的傳統宿命。

為了鼓勵當地學童就讀小學，並讓他們在畢業之後能夠繼續接受中等教育，改善家鄉的生活條件，措尼仁波切於2017年開啟了「喜馬拉雅兒童教育（Himalayan Children Education）」計畫，贊助想要繼續升學的孩童到加德滿都就學。

起初幾年，這些來自偏鄉的孩子都各自散落在不同的寄宿學校。但為了讓他們在接受現代教育的同時，也能保有藏人的傳統文化，措尼仁波切因此在2022年於博達滿願塔（Boudhanath Stupa）附近租了一棟房子作為宿舍，讓所有學生能夠像一個大家庭般住在一起，互相照顧，並學習傳統文化。

「喜馬拉雅兒童教育」計畫目前僅贊助學生就讀到十二年級，因為這項專案主要的宗旨不是在於培育學生成為學者，或畢業後留在都市生活，而是要讓他們學得一技之後返鄉服務，提升當地的生活品質。有些學生在畢業之後，會接受專業職訓，例如修理機械或農業技術等，並且將這些知識帶回家鄉去利益鄉民。

近年來，隨著健行與登山活動的盛行，努日也開始發展觀光業。由於措尼仁波切的故鄉桑瑪，是馬納斯盧基地營的所在地，因此也相對比其他村落有更多的工作機會，例如服務業、餐飲業等，也都是學生們返鄉工作後的熱門選項。他們有些人會選擇在當地

措尼仁波切贊助的「喜馬拉雅兒童教育」計畫，讓故鄉努日的學生有機會到加德滿都接受現代教育，學生們像個大家庭般住在一棟宿舍裡。（攝影：郭怡青）

開民宿，或經營糕餅店、咖啡廳等。

另一方面，教育也讓年輕女子明白，人生除了結婚、生子之外，其實還有更多、更廣的選擇，而不再年紀輕輕地就走入家庭。

建立完善的基礎教育

未來「喜馬拉雅兒童教育」計畫是否有可能進一步贊助想要繼續升學的學生接受高等教育？負責執行該專案的瑞莎‧迪特法農

注重教育的措尼仁波切除了培育尼眾,也助學來自努日偏鄉的學生,讓他們能夠學得一技之長,改善生活品質。(攝影:Tenzin Choegyal)

(Raissa Distefano)表示,目前這目標還不明確。儘管有些專業(例如醫療)確實能夠大幅改善努日的生活條件,但所需的教育經費也相對提高許多,因此只能隨順因緣了。

目前措尼仁波切所能做的,是確保努日的學童能夠獲得完善的基礎教育,因此自2022年起,他開始接管努日的小學。這所小學原是公立學校,但因為當地的大喇嘛烏拉吉美(Lama Ura Jigme)不忍讓學童們每天往返崎嶇山路通學,因此數年前他透過一些人的協助,而將該校改為寄宿學校。然而,要維持寄宿學校的運作需

要龐大的經費,他在經費窘迫下,實在難以維持,於是請求措尼仁波切接管。

仁波切接手校務之後,大幅改善了該校學生的教育程度與環境品質。過去由於城鄉差距,從努日小學畢業的學生剛到加德滿都就讀時,往往跟不上學習的進度,甚至要重讀五年級。為了讓透過「喜馬拉雅兒童教育」計畫繼續升學的學生們,都能無縫地接軌加德滿都的學校,仁波切不惜重金聘請良好的師資上山教學,以提升當地的教育程度。此外,並加強語言的學習,除了尼泊爾文和英文,也希望他們能夠學習藏文,更加瞭解自己的文化根源與宗教。

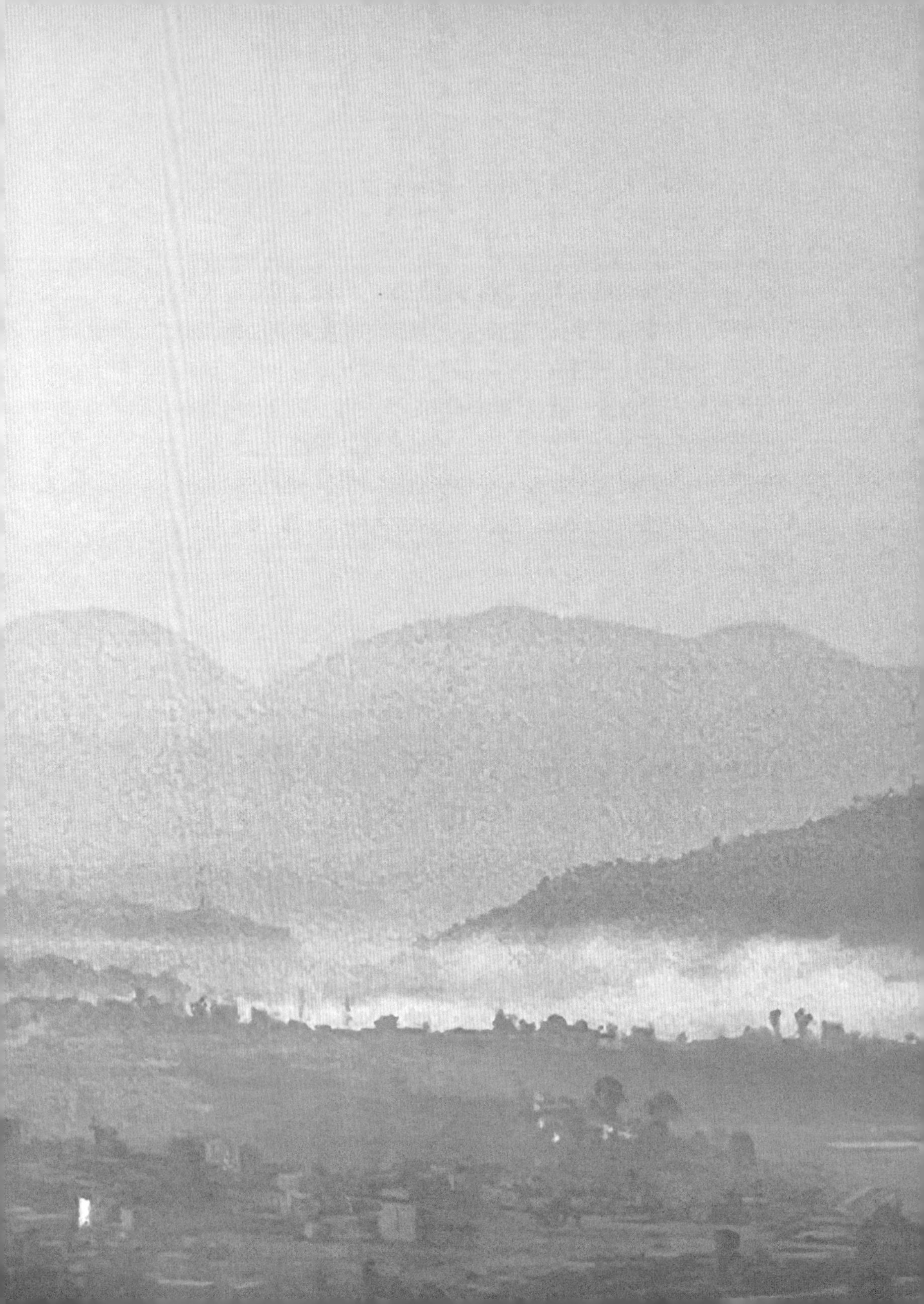

第四部 祈請

〈遙呼上師・悲切短韻〉就是短版的「上師瑜伽」，我們在菩提道上所需祈請上師加持的一切，都涵蓋在這精簡有力的祈請文裡。

第十一章

༄༅། །བླ་མ་རྒྱང་འབོད་གདུང་བའི་དབྱངས་རྒྱང་བཞུགས་སོ། །

〈遙呼上師・悲切短韻〉

作者／第一世措尼仁波切

中譯／貝瑪慈寧、伊喜娜娃（郭怡青）

【1】 བླ་མ་མཁྱེན་ནོ། །བླ་མ་མཁྱེན་ནོ། །
　　　上師鑒知 上師鑒知　　　　　　　　　　見頁184

【2】 དུས་གསུམ་སངས་རྒྱས་ཀྱི་ངོ་བོ།
　　　三世諸佛之體性

【3】 དྲིན་ཆེན་རྩ་བའི་བླ་མ་གྲུབ་དབང་རྡོ་རྗེ་འཆང་ཆེན་མཁྱེན་ནོ། །
　　　大恩根本上師竹旺大金剛持鑒知

【4】 མཁྱེན་ནོ། །མཁྱེན་ནོ། །བླ་མ་མཁྱེན་ནོ། །
　　　鑒知 鑒知 上師鑒知

【5】 དགྲ་ལ་སྡང་བར་མེད་པར་བྱིན་གྱིས་རློབས།།
　　 加持對怨敵無有瞋怒　　　　　　　　　見頁184

【6】 གཉེན་ལ་ཞེན་པ་མེད་པར་བྱིན་གྱིས་རློབས།།
　　 加持對親友無有貪執

【7】 དགྲ་གཉེན་རང་སར་ཞི་བར་བྱིན་གྱིས་རློབས།།
　　 加持親仇本地自消散

【8】 ཆོས་བརྒྱད་འཁྲི་བ་ཆོད་པར་བྱིན་གྱིས་རློབས།།
　　 加持斷除八法之貪執　　　　　　　　　見頁186

【9】 ནོར་ལ་བསོག་འཛོག་མེད་པར་བྱིན་གྱིས་རློབས།།
　　 加持無有財富之積聚

【10】 གཅིག་པུར་རི་ཁྲོད་འགྲིམས་པར་བྱིན་གྱིས་རློབས།།
　　 加持獨自遊歷於山間

【11】 གཏུམ་མོའི་བདེ་དྲོད་འབར་བར་བྱིན་གྱིས་རོགས།།
　　 加持燃起拙火之暖樂　　　　　　　　　見頁188

【12】 སྒྱུ་ལུས་ལྷ་སྐུར་སྨིན་པར་བྱིན་གྱིས་རློབས།།
　　 加持幻身成熟為尊身　　　　　　　　　見頁190

175

【13】 རྨི་ལམ་འོད་གསལ་འཆར་བར་བྱིན་གྱིས་རློབས།།
　　　加持睡夢顯現為光明　　　　　　　　　見頁191

【14】 བར་དོ་སྐུ་གསུམ་གྲོལ་བར་བྱིན་གྱིས་རློབས།།
　　　加持中陰解脫為三身

【15】 མཉམ་ཉིད་ཕྱག་ཆེན་རྟོགས་པར་བྱིན་གྱིས་རློབས།།
　　　加持證悟平等為大印　　　　　　　　　見頁194

【16】 ཕུང་པོ་ཆོས་སྦྱིན་དུ་གཏོང་བར་བྱིན་གྱིས་རློབས།།
　　　加持布施蘊身為法施　　　　　　　　　見頁195

【17】 དམར་ཁྲིད་གཉན་ལ་ཡེབས་པར་བྱིན་གྱིས་རློབས།།
　　　加持確定於直接指引　　　　　　　　　見頁196

【18】 གཅིག་ཤེས་ཀུན་གྲོལ་རྟོགས་པར་བྱིན་གྱིས་རློབས།།
　　　加持了悟知一即全解

【19】 པ་རྗེས་བུ་ཡིས་ཟིན་པར་བྱིན་གྱིས་རློབས།།
　　　加持子追隨父之行跡　　　　　　　　　見頁197

【20】 རླུང་སེམས་དབུ་མར་ཚུད་པར་བྱིན་གྱིས་རློབས།།
　　　加持心氣契入於中脈　　　　　　　　　見頁197

第四部　祈請

176

【21】 ཅ་རླུང་ལས་སུ་རུང་བར་བྱིན་གྱིས་རློབས།།
加持勘能運行修氣脈

【22】 ཁྲེགས་ཆོད་ལྟ་བ་རྟོགས་པར་བྱིན་གྱིས་རློབས།། 見頁199
加持了悟立斷之見地

【23】 ཐོད་རྒལ་གཏན་ལ་ཕེབས་པར་བྱིན་གྱིས་རློབས།།
加持確切了悟於頓超

【24】 བློ་ཟད་ཆོས་སྐུར་རྟོགས་པར་བྱིན་གྱིས་རློབས།། 見頁200
加持證悟心滅為法身

【25】 འཁྲི་བ་བཅད་ཐབས་སུ་ཆོད་པའི་བྱིན་གྱིས་རློབས།།
加持強烈斷除所貪執

【26】 སངས་རྒྱས་རང་ལ་རྙེད་པར་བྱིན་གྱིས་རློབས།། 見頁201
加持於自身獲得佛性

【27】 མ་རྟོགས་འགྲོ་བ་འདྲེན་པར་བྱིན་གྱིས་རློབས།། 見頁202
加持引領未證悟眾生

【28】 ལོག་རྟོག་ཆོས་མིན་སྐྱོབ་བར་བྱིན་གྱིས་རློབས།།
加持救護非法邪分別

【29】 འབྲེལ་ཚད་དོན་དང་ལྡན་པར་བྱིན་གྱིས་རློབས།།
　　　加持一切有緣皆具義

【30】 འཁོར་བ་དོང་ནས་སྦྱུགས་པར་བྱིན་གྱིས་རློབས།།
　　　加持徹底斷絕滅輪迴

【31】 ཕུང་ཁམས་ལྷ་སྐུར་སྨིན་པར་བྱིན་གྱིས་རློབས།། ＿＿＿＿＿＿見頁203
　　　加持蘊界成熟為尊身

【32】 འཇའ་ལུས་འོད་སྐུར་གཞེགས་པར་བྱིན་གྱིས་རློབས།།
　　　加持趨證得虹體光身

【33】 བླ་མ་མཁྱེན་ནོ།། བླ་མ་མཁྱེན་ནོ།། ＿＿＿＿＿＿見頁204
　　　上師鑒知 上師鑒知

◎〈遙呼上師・悲切短韻〉依照措尼仁波切的解說，由貝瑪慈寧、伊喜娜娃（郭怡青）恭譯。

─── 第十二章 ───
培養本質愛,具足虔敬心

> 仁波切經常以「茶」來譬喻他的大圓滿法教,
> 並開放大家使用自己既有傳承的「杯子」來接續,
> 唯一的條件是必須先修持「微細身」。

「上師瑜伽」是前行,也是正行

弘揚正法並幫助有需要的人,是第三世措尼仁波切一生的志業。他的佛行事業除了興建尼寺、培育來自故鄉努日的學生,他也經常到海外弘法。

仁波切在海外的教學以「微細身」與大圓滿的「立斷」為主。微細身的內容雖然是源自經典,但也很適合任何想追求身、心、靈平衡者修持。在我們的粗重身與理智心之間,還有一個感覺世界——微細身。它就猶如我們對於外在現象與內在感知的詮釋者,詮釋得如何,不論好壞都取決於它是否健康。如果它失去平衡,就很容易被外境觸動潛藏於內心深處的憂傷印記,即仁波切口中所謂的「美麗的怪物」,因而衍生出各種身心的障礙。

由於現代人普遍壓力過大，導致微細身受傷而不自知。措尼仁波切認為，若想在修行上獲得成就，首先必須要有健康的內在，因為大圓滿的本覺是從微細身中展現。因此，仁波切在海外的弘法便以微細身替代傳統的前行，作為修持大圓滿「立斷」之前的必修法門。

仁波切經常以「茶」來譬喻他的大圓滿法教，並開放大家使用自己既有的「杯子」──任何傳承的前行法──來接續，唯一的條件是必須先修持微細身。無論你是否曾領受過整套的「措尼茶具」，如果你想在仁波切教授的大圓滿法教上獲得增益，必須要有傳承的加持。因此，首先你要先認識傳承，才有可能對傳承上師生起虔敬心。

在修行的過程當中，每個人都可能在任何狀況下遇到各種障礙，此時我們必靠傳承上師的加持來幫助自己轉化。所以，修持「上師瑜伽」很重要，它既是前行，也是正行。無論你捧著什麼樣的茶杯來喝仁波切的茶，都需要傳承上師的加持。

加持的力量是源自於虔敬、慈悲與智慧，有些傳承也許會特別去強調慈悲，或強調智慧，然而在措尼傳承裡，每個環節都是並重的。因為若想要圓滿智慧，必須依靠上師的加持與修持慈悲的功德，而這一切若無虔敬心也難以獲得。

虔敬心是獲得加持的鎖鑰

囊謙給恰林的雪繞賞媄阿尼住世時，最常掛在嘴邊的一句話便是

「喇嘛千諾」，從她身上我們可以看到修持「上師瑜伽」所帶來的成就有多廣大。也許在現階段，我們還無法如雪繞賞嫫阿尼般時時刻刻地憶念上師，也不是每個人都有修持措尼傳承的前行，然而，我們每日課誦的上師祈請文〈遙呼上師・悲切短韻〉，就是短版的「上師瑜伽」。我們在菩提道上所需祈請上師加持的一切，都涵蓋在這精簡有力的祈請文裡。

所以，雖然〈遙呼上師・悲切短韻〉是第一世措尼仁波切的祈請文，不過，現任的措尼仁波切表示，你也可以祈請任何其他的具德上師，重點在於你對於自己所祈請的對象是否具足虔敬心。念誦上師祈請文的加持力，就猶如祈請上師本人加持般廣大。不過，究竟能夠領受到多少加持，完全在於祈請者本身，心態愈是開放、虔誠，加持力自然就會愈廣大。

那麼，如果現階段自身還未具足虔敬心，要如何才能生起呢？首先，要培養本質愛。本質愛是虔敬心的基礎，如果一個人無法在自心當中找到愛，又能如何對他人生起慈悲心或虔敬心呢？因此，本質愛也是佛性的一部分，如果我們能夠以本質愛為基礎並且延伸，就能讓上師、本尊、空行都連結到自己的上師。

另一個要素是信任。就算現階段的你對上師的虔敬心還不夠深厚，但至少也要信任他，相信他是真正能夠引領你走向證悟的人，因為他擁有清淨的傳承、法教與加持力。如果你能如是觀修，並持誦、思惟上師祈請文的內容，讓虔敬心在信任中滋長，必然能夠獲得傳承上師的加持。

因此,在措尼仁波切的授意之下,在此也特別整理了仁波切對〈遙呼上師‧悲切短韻〉逐句授予的簡明開示,希望大家在認識傳承的同時,也能好好地思惟上師祈請文的含意。

如果你能如實思惟、虔心祈請,那麼無論你身在何處,都會是傳承的一分子,即便你無法親見上師,也能獲得上師的加持,因為佛法就在心間。

第十三章

祈請上師加持，認出本來面目
措尼仁波切對於〈遙呼上師・悲切短韻〉的開示概要[1]

> 我們依止上師的究竟目的，
> 即是為了認出本具的佛性。
> 要祈請外在的上師加持，
> 讓我們能認出內在的心性，從自心中獲得佛果。

〈遙呼上師・悲切短韻〉是第一世措尼仁波切應囊謙王妃德謙卓瑪（Dechen Drolma）的懇請，瞬間從他的心意中脫口而出的祈請文。「老僧瘋子噶那（Gana）」是第一世措尼仁波切的謙稱。

這首祈請文名為「悲切短韻」，「悲切」含有「深切渴望」的意思，它可能是基於愛，也可能是基於虔敬心，而此處的「悲切」是基於後者。儘管虔敬心也涵蓋了某種層面的愛，但那種愛並非一般世俗的愛，而是對於上師與佛法廣盡勝義的敬愛。

---

[1] 本章是在措尼仁波切的指示下，由筆者以自身的視角進行導讀，故非仁波切開示的直接翻譯。

祈請上師

【1-4】

　　上師鑒知 上師鑒知
　　三世諸佛之體性
　　大恩根本上師竹旺大金剛持鑒知
　　鑒知 鑒知 上師鑒知

〈遙呼上師‧悲切短韻〉就如弟子對上師的祈願清單,但在此我們所祈求的不是世俗的願望,而是在「法」上的成就。若你能以虔敬心祈請上師,就能獲得「能夠成就心願」的加持。

由於囊謙王妃德謙卓瑪是第一世措尼仁波切的虔誠弟子,因此,她所祈請的大恩根本上師——成就自在大金剛持,自然是第一世措尼仁波切(竹旺大金剛持)。如前所述,這篇祈請文裡的所有祈願,是任何佛弟子在修行上都需要獲得的加持,而每位具德上師都是三世諸佛的體性。所以,如果你有其他的上師,也可以將「竹旺大金剛持」替換成任何你想祈請的對象。

對治煩惱

調伏內在的痛苦之源——瞋怒與貪執

【5-7】

　　加持對怨敵無有瞋怒

> 加持對親友無有貪執
> 加持親仇本地自消散

首先,要祈請上師加持,讓我們不要有貪執與瞋怒。

「加持對怨敵無有瞋怒,加持對親友無有貪執」這兩句話,從外在層次而言,就如同句義那般,祈願透過上師的加持,讓我們能夠平等地對待怨敵與親友,對前者不瞋,對後者不貪。不過,它還有更深層的含意,就是要對治我們內在的痛苦之源──瞋怒與貪執。

我們真正的敵人從來不是外在的對象,而是自己內心的瞋怒。因為當你生氣時,心中的怒火只會讓你更加忿忿不平,即便對方沒做什麼,你也會覺得很厭惡。所以,要祈請上師加持,莫讓自己被扭曲的情緒所主宰。

不過,比起瞋怒,仁波切認為現代人更大的煩惱其實是貪執。因為我們從小就被教導著要區分「你」與「我」,誰「是」我的朋友而誰「不是」,甚至鼓勵我們要掌握住各種關係,而能遊走於各種人脈關係之間,以獲取個人最大的利益。

有些人可能會對「放下貪執」這種說法產生誤解,認為佛教的論述缺乏情感,其實並非如此,因為慈悲本身其實就包含「愛」,只是「愛」不應該是自私的執取,而這種自私執取的「愛」正是我們所要放下的。

所以,接著要祈請上師加持,讓我們對於區分怨敵與親友的偏執

能夠自然地消散，這就是「加持親仇本地自消散」的意思。純粹的愛與慈悲是無有偏執的，我們要保留「愛」，但不要有仇恨和執著。

認出煩惱，安住心性

【8-10】

　　加持斷除八法之貪執
　　加持無有財富之積聚
　　加持獨自遊歷於山間

接下來的三句，依然是在闡述世人對於不同對境的貪執，但重點在於認出煩惱。

世間八法──利、衰；稱、譏；毀、譽；苦、樂，是四組很容易令人陷入貪執的對境。因為大家都想要獲得，而不想要失去；想要被稱讚，不想要被譏諷；想要美名，不想要惡名；想要快樂，不想要痛苦。

追求對自己有利的，避免對自己不利的，乍聽之下似乎有理，畢竟我們誰不想要快樂？然而，問題一如前述，這些都是出於貪執。世俗的短暫樂受，執著在這些「想要」與「不想要」之間，不僅對修行毫無助益，甚至會讓自己迷失於貪執之中，不得解脫。因此，要祈請上師加持，讓我們能夠斷除對於世間八法的貪執。

在打破對於世間八法的迷失之後,接下來要祈請「不累積財富」。或許你會對這樣的祈請感到疑惑:「賺錢有什麼不對嗎?」「沒有錢要怎麼生活?」

在現代的社會裡,沒有錢確實寸步難行,每個人也都需要生活。所以,只要來源正當,適度地累積一些財富並無妨,甚至是必要的。重點在於是否能夠認出煩惱,而不會被錢財所牽制,陷入追逐財富的陷阱中。

一般人可能會認為,財富永遠不嫌多,但修行人知道錢其實夠用就好,太多只是徒增煩惱。財富不等於快樂,許多人擁有愈多,反而愈害怕失去。所以,社會上才會不斷地上演著家人之間為了爭奪財產而對簿公堂,甚至為了詐取保險金而謀害親友之類的悲劇。

財富本身並無問題,但如果被貪念所牽引,就永遠無法滿足,有了這個之後還想要那個,有了那個又想要更好的。一方面永遠有追逐不盡的貪求,另一方面又害怕失去擁有,導致自己在不知不覺中,將時間和精神都浪費在累積無意義的財富上。

只要打開你的衣櫃看看就可得知,櫃子裡是否掛滿了衣服?每件是否都有必要?那些衣服是真的舒適實穿,或只是一味趕赴流行的戰利品,或甚至是為了充面子或自我炫耀的工具?所以,要祈請上師加持,讓我們不要迷失在世俗的金錢遊戲裡,並且累積真正的財富──菩提心。

同理,我們要祈請「獨自遊歷於山間」。在此,「山間」也可以

理解為「靜處」，而靜處又可分為外在的「身靜處」與內在的「心靜處」。

「身靜處」意指遠離任何可能讓自心生起貪、瞋對境之處，猶如昔日密勒日巴尊者經常四處遊歷，獨自在山中修行。他居無定所，不會在一個地方待太久，避免自己對熟悉的人、事、物產生依戀。當然，現代人不太可能像密勒日巴尊者般過著雲遊的生活，所以更重要的是「心靜處」——安住在自性當中。

到深山隱居的目的，其實也是為了要減少煩惱、認出心性。所以，只要能夠安住於自性當中，就如同在山林裡閉關。因此，我們要如是祈請上師加持。

對修行的加持

修持拙火需有健康的微細身

【11】

　　加持燃起拙火之暖樂

在祈請對治導致我們在輪迴中流轉的貪執之後，接著，我們將依照次第地祈請上師賜予關於修行方面的加持。

首先，我們要對拙火的修持作祈請。拙火是「氣脈功法」的一種，主要的修持有兩個層面：（一）修持內在熱力；（二）轉化「業」的微細身。

根據傳統寺院的修行藍圖,在圓滿前行之後,必須修持拙火與本尊,才能進入大圓滿法教。措尼傳承的拙火修持向來名聞遐邇,尤其是在囊謙,但措尼仁波切在海外的教學卻是以「微細身」來取代「拙火」,為什麼呢?

其實拙火也是一種微細身的修持,主要是將「業」的微細身轉化為智慧的微細身,不過前提是,我們必須擁有健康的微細身。昔日在西藏,上師們通常不會特別教授如何轉化扭曲的習性,因為過去的修行人生活純樸,沒有什麼競爭與壓力,自然也不會生起太多情緒的怪物,可以直接修持拙火,將交織在一起的扭曲習性與「業」的微細身一同轉化。

然而,現代社會的生活節奏緊張,尤其是在競爭激烈的大城市,我們每天被「忙」、「盲」、「茫」的生活壓得喘不過氣來,氣受到外境迅速變動的影響便在體內亂竄,因而觸動潛藏在脈中的扭曲印記,並阻礙明點的流動,導致我們感受不到本質愛。在這樣的情況下如果修持拙火,不僅毫無效果,反而會讓情況變得更糟。

因此,在海外,仁波切通常會以他獨特的「微細身」課程來取代傳統的「拙火」。當「美麗的怪物」現身時,我們可以依照仁波切的指引,透過練習意識與感覺的「握手」[2],與內在的情緒做朋友,瞭解自己並非那些生起的情緒或印記,逐漸將扭曲的微細身轉化為健康的微細身。

---

2 「握手」意指放下、感受、覺知任何的念頭與情緒,不壓抑也不對治,就是全然地和它們在一起,允許它們自解脫的一種練習。

所以,儘管這句祈請文本身是關於「拙火」的修持,但可以先祈請上師加持,讓我們透過仁波切所指導的「握手」練習,將扭曲的微細身轉化為健康的微細身。並祈請當有一天時機成熟時,可以透過拙火的修持來轉化「業」的微細身。

轉化不淨為清淨

【12】

　　加持幻身成熟為尊身

說起「幻身」的修持,許多人可能會聯想到「那洛六法」,不過其實其他傳統也修持此法。關於幻身的修持,可以從清淨與不清淨的兩個層面來理解。

首先,我們要觀修不清淨的幻身,即瞭解世間萬物的顯相皆如夢似幻,包括我們最珍愛的身體都是因緣和合、相互依存。儘管從世俗的角度,我們看似有一個實質的「我」,但如果仔細思惟,卻找不到一個恆常、實有且獨立的「我」。因為身體的每一個部位,從頭到腳,從五官到內臟,無一處是「我」。每個部位都是相互依存,而非一個恆常、獨立的堅固實體,因此本質為「空」。

不僅如此,就連「我」的概念,也是因為有「你」的假立而成立,而非一個獨立存在的概念。如是,任何關係也都是互為緣起的存在,當一個元素改變時,也會牽動另一個元素,因此皆為不具實質的空性。。

在瞭解不清淨的幻身之後,我們才有可能進而觀修清淨的幻身——本尊與淨土,例如生起次第的修持。如果我們還執著自身為實有,那麼就算將自身觀想為本尊,也很難真正地轉化。因此,要祈請上師加持,讓我們能了悟空性,讓幻身成熟為尊身。

認出母光明

【13-14】

> 加持睡夢顯現為光明
> 加持中陰解脫為三身

接下來這兩句是關於「中陰」的修持。

「中陰」意即「邊際之間」,也可以理解為子光明——心的本質,這樣的間隙即是明空。明空其實一直存在於念頭與念頭之間,只是平時我們被不斷生滅的忙碌念頭以及對於念頭的感受所佔據,導致我們無法認出那個細微的本然狀態。

據蓮花生大士的〈中陰聞即解脫根本頌〉所說,人的一生會經歷六大階段的中陰,其中三種是「從生到死之間」所反覆經歷的體驗,而另外三種則是「從死到生之間」所會經歷的過程。

我們在投生成形之後,一直到臨終之前,都是處在「生處中陰」裡,其中又包含了「禪定中陰」與「睡夢中陰」。當死亡來臨時,我們會因著個人的業力與修為,進入「臨終中陰」、「法性

中陰」與「投生中陰」這三個關卡。它們共通的通關密語是「了悟心性」，即讓子光明認出母光明，母子光明相會，便能解脫。

身為修行人，我們要懂得將臨終視為從痛苦的輪迴中解脫的機會。當然這不是件容易的事，因為在面臨死亡時，排山倒海的雜念與恐懼會湧上心頭。因此，若想在此時證悟成佛，就必須趁著當下還有時間的時候，把握暇滿的人身，善用「生處中陰」，在「禪定中陰」乃至「睡夢中陰」裡好好地修持，為臨終的那一刻作好準備。

由於臨終是攸關解脫的緊要關頭，所以，我們要特別祈請上師加持與死亡相關的中陰。首先，我們要祈請讓「睡夢顯現為光明」。儘管「睡夢中陰」在我們活著時就一直發生，這種經歷就猶如一場「小死亡」。因為意念在這個階段會暫時退出感知世界，導致我們暫時陷入昏沉無明的狀態，但我們仍會再度醒來。

一般而言，當我們處於睡夢中的混沌狀態時，便難以覺知到「明」，然而，我們可以透過「夢瑜伽」的修持，讓睡夢顯現為光明。在「睡夢中陰」時，可能修持的消融次第有兩種：（一）知夢，也就是在睡夢之中清清楚楚地知道自己是在做夢，甚至可以在夢中修持；（二）在熟睡之中認出光明。

儘管「夢瑜伽」的修持並不容易，尤其是在沉睡之中認出光明的境界，更非一般行者所能做到，但我們可以誠心地祈請。每天晚上當我們準備就寢之前，可以思惟現世間一切現象如夢似幻。

當我們實際躺在床上準備要入睡時，可以如是祈請上師與諸佛菩薩加持：首先，祈請他們加持我們自身的脈輪，特別是喉輪，因為喉輪攸關夢境與微細身。再者，祈請讓我們能在夢境之中清楚地認出自己不過是在做夢，甚至善用夢境來修持。最後，祈請在熟睡之際依然能夠保持明晰，並且認出母光明。

如此的祈請有助於我們的臨終時刻，因為當那一天來臨時，會出現三個可能讓我們從輪迴中解脫的關鍵時刻。第一個機會出現在「臨終中陰」，如果我們能在界（空）相現前時認出母光明，就能達到法身解脫的境界。

如果未能認出，在進入「法性中陰」時還會有機會。在此階段，如果我們能在明相現前時認出母光明，就能夠達到報身解脫的境界。

反之，如果我們依然無法認出母光明，就會來到「投生中陰」。儘管此時我們已經錯失即身成佛的機會，不過還有投生淨土的機會，也就是化身解脫。此時與上師的心在心續上的連結尤其重要，因為憶念上師能夠讓你在關鍵時刻獲得法教的保護。因此，要虔心祈請上師加持，讓我們能在中陰解脫為三身。

此外，如果你平時有修持「頗瓦法」的習慣，在臨終時也會有所幫助。

了悟顯空不二

【15】

加持證悟平等為大印

此處的「平等」意即「顯空不二」，換句話說，要祈請上師加持，讓我們了悟顯空不二為大手印。

關於「顯空不二」，相信大家最熟悉的莫過於《般若波羅密多心經》裡的「色不異空，空不異色；色即是空，空即是色」這四句話。不過，我們在理智上對於空性的理解並不等同於了悟，必須透過實修才有可能經驗，而大手印就是體認心性的法門之一。

大手印是噶舉派的甚深法教，它與寧瑪派的大圓滿「立斷」相似，都是在修持顯空不二的本然心性，只是兩者在修持上的著重點有些微差別。前者以顯相為修持的對境，而後者則是以本覺為修持的對境。雖然措尼仁波切同時擁有噶舉派與寧瑪派的法教，但他在海外的教學是以大圓滿「立斷」為主。所以，如果你未修持大手印，也可以祈請證悟平等為大圓滿「立斷」。

其實本覺是每個人與生俱來的本然心性，它具有「體性空」、「自性明」、「大悲周遍」的特質，能夠在空性之間展現出一切顯相，猶如水晶球中可以展現出任何影像。我們因為無明而被各種煩惱與念頭所牽引，導致無法認出本覺，因此，要誠心地祈請上師加持，讓我們能夠透過大手印或大圓滿「立斷」的修持，了悟顯空不二的平等性。

修持「斷法」，觀修無我

【16】

　　加持布施蘊身為法施

施身法是「斷法」的一種，所以，在此我們所祈請的是關於「斷法」的實修。如果在經由反覆地修學後，能夠真正了悟平時被我們視若珍寶的身體其實在本質上也是空性，那麼，我們就有可能如諸佛菩薩一般，隨時可以無私、無畏地將身體布施給有需要的眾生。

在《佛陀本生經》裡，有一則關於摩訶薩埵王子（佛陀的某個前世）捨身餵虎的故事。這個故事發生在加德滿都以東約四十公里處，一個名為「南無佛陀」（Namo Buddha）的山崖。當時善良的王子看到一頭剛產下一窩小老虎的虎媽媽奄奄一息地癱在地上，既生不出乳汁來餵食幼虎，也無力去覓食。為了保全牠們的性命，王子毫不猶豫地將自己的身體布施給了虎媽媽。後人為了紀念王子的菩薩行，在該處建了一座佛塔，成為佛教徒必訪的知名聖地。

當然，這種捨身利他的境界並非每個人都能做到，如果沒有強烈的菩提心卻勉強為之，非但無法利他，反而會因為後悔或害怕而心生瞋怨。因此，在尚未達到這種境界之前，我們能做的就是透過觀修無我來放下我執，並且祈請上師加持，讓我們斷除一切我執煩惱。直到有一天，當「無我」不再只是理智上的瞭解，而是徹底了悟時，自然能夠以任何形式利益眾生。

本覺的修持

認出本覺,知一全解

【17-18】

> 加持確定於直接指引
> 加持了悟知一即全解

接下來的兩句,是關於大圓滿的核心法教——本覺——的修持。

「確定於直接指引」意指獲得並了悟赤裸裸的指引,也就是大圓滿「立斷」的直指心性而認出本覺。本覺是每個人本具的本然心性,它一直都在,只是你是否有辦法認出它。

本覺的三個面向——體性空、自性明、大悲周遍,它超越言詮,所以儘管這樣的指引通常是由上師親口傳授,但最終還是必須靠修行者自身的體驗與覺受來領悟。因此,要祈請上師加持,讓我們能夠安住於毫無造作的赤裸覺性當中。

雖然大圓滿的法教是依照次第循序漸進,但本覺的修持就猶如一把能夠解開所有煩惱的萬能鑰匙,只要認出本覺,一切自會解脫,無須再一一去做其他的修持。因此,要祈請上師加持,讓我們能夠「了悟知一即全解」。

師心、我心無分別

【19】

　　加持子追隨父之行跡

在許多文化裡，都有子承父業的傳統，在成長的過程中，父母往往是子女的榜樣。而對於佛弟子來說，最好的學習對象無疑是歷代上師與諸佛菩薩，因此「子」是指身為佛弟子的我們，「父」是指上師，「行跡」則是上師的心意——證悟。所以，必須追隨上師，因為上師是能夠引領我們走向證悟的人。

不過，所謂的「追隨」不是要我們如追星一般，上師走到哪裡就跟到哪裡。儘管從世俗的層面而言，渴望親近上師是人之常情，但上師與弟子之間的連結是源自於法教，如果缺乏實修，就算整天圍繞在上師身邊也不會證悟。反之，只要你對上師與法教有信心，並能依照上師的指示如實修行，即便無法經常親見上師，上師也會一直與你同在，這樣的連結是超越時間與空間的。

因此，要祈請上師加持，讓我們能夠依照上師的法教如實修學，認出心性，超越能、所二分，達到師心、我心無二無別。

轉化微細身

【20-21】

　　加持心氣契入於中脈
　　加持堪能運行修氣脈

先前曾提到關於修持拙火與微細身的重要性，以及為什麼措尼仁波切在海外的教學是以「微細身」取代「拙火」的原因。簡而言之，仁波切認為微細身更適合現代人修持，因為我們必須先將扭曲的微細身轉化為健康的微細身，才能進而修持拙火，轉化「業」的微細身。因此，他以獨特的教學方式，教導大家如何與情緒的怪物「握手」，讓扭曲的習性自解脫。

在接下來的兩句，我們要祈請的是關於氣、脈、明點的平衡，也就是修持拙火、微細身的結果。將扭曲的微細身轉化為健康的微細身只是第一步，雖然到了這個階段，氣已經不會再四處亂竄，但健康的微細身仍屬於「業」的微細身。唯有當「心」與「氣」契入中脈之後，才是轉化為智慧微細身的開端。

在此，中脈有兩個層面的意思：（一）微細身裡的中脈；（二）中觀道——空性。當業風與概念心契入中脈之後，你就能自在地運行氣脈，自然也就容易了悟中觀道的見地，因此兩者是一體的兩面。

扭曲的微細身來自於習性，有時它與「業」的微細身並不易區分，甚至是交織在一起。我們需要知道這兩者之間的差異，但無須一一去劃清界線，只要如實依照措尼仁波切所指導的方式修持微細身，就能轉化大部分的扭曲習性。

傳統上，有些行者也會藉由修持「幻輪」來讓氣脈堪能運行。這種修持其實有點類似瑜伽體操，因此平時也可以練習瑜伽，協助身心健康達到平衡。

同時，祈請上師的加持，亦能幫助我們迅速將扭曲的微細身轉化為健康的微細身，並且讓心氣契入中脈，如此才有可能將「業」的微細身轉化為智慧的微細身。

以健康的微細身修持解脫道

【22-23】

　　加持了悟立斷之見地
　　加持確切了悟於頓超

修行可分為方便道和解脫道，而措尼仁波切在海外的教學，是以解脫道為主。因此，仁波切並未要求大家必須圓滿傳統的前行法，而是以微細身作為必修。因為若是在念頭散亂的狀況下修持大圓滿，即便領受具德上師的指引心性，也很難認出本覺。

「這並不表示無須修持前行，無論是皈依發心、清淨業力或累積福德資糧，對我們的修行都有一定的幫助。而『上師瑜伽』不只是前行，更是正行，只是無論修習任何法門，都必須有健康的微細身才會有成效。」仁波切解釋他會如此強調微細身的原因。

一旦我們懂得如何將扭曲的微細身轉化為健康的微細身，就可以修持「立斷」。措尼仁波切在海外的教學是以「立斷」為核心，他覺得這是最適合忙碌的現代人修持的大圓滿法門，因為其重點在於認出我們本具的心性。

所以，只要我們能夠依照仁波切的指引保持覺知，如實修持，就

能斷除一切煩惱的根源。在這種情況下，即便並未修持拙火，也能自然轉化「業」的微細身。

如是，當我們進入「臨終中陰」時，就有可能認出母光明，並且證得法身。因此，要向上師祈請，讓我們能夠了悟「立斷」的見地。

「頓超」是另一種能夠引領我們解脫的大圓滿法教，它以「立斷」的見地為基礎，其重點在於任運顯現。然而，「頓超」的修持比「立斷」困難許多，因為它必須具足外在與內在的條件。例如，要在視野遼闊的場域，結合身體的姿勢、眼識、明光等。因此，並不適合必須兼顧生活的在家行者修持，揩尼仁波切也不會公開教授此法。

不過，即便現階段的我們尚未具足修持「頓超」的因緣，也可以祈請上師加持，當有一天時機成熟時，我們可以「確切了悟於頓超」，如密勒日巴尊者那般即身成佛。

證得法身

斷除輪迴根源

【24-25】

　　加持證悟心滅為法身
　　加持強烈斷除所貪執

接下來這兩句是修持「立斷」或「頓超」的結果，這兩種甚深

法門,都可以幫助我們證悟。所以,我們要精進修持,直到有一天,當概念心與一切現象都完全窮盡(超越),就能證得法身(真如自性的法體),這也是大圓滿第四相——法性遍盡——的境界。

當我們達到如此的境界,就不會再有任何煩惱。斷除煩惱是修持「立斷」的重點,而煩惱的根源是來自於貪執。也許你會感到疑惑:「為何我們又回到對治貪執?」這其實是因為貪執如果要細分,可分為「外」、「內」、「密」、「極密」四種層次。

先前所提及的「貪執」都還屬於對於外境、身體、煩惱等「外」、「內」、「密」的貪執,而當我們進入「立斷」的修持之後,連潛意識的貪執都斷除,在念頭生起的瞬間就讓它自解脫。所以,要祈請上師加持,讓我們能夠徹底斷除任何可能導致自己繼續在輪迴中流轉的根源。

佛陀不在他處觀本面

【26】

加持於自身獲得佛性

在第一世措尼仁波切的金剛道歌裡有這麼一句:「佛陀不在他處觀本面」,我們總是習慣向外尋求,但無論從外境獲得什麼,我們都不會因此而成佛。因為佛陀的果位從來不存在於外境,那即是我們本來面目,認出心性即認出佛性。

我們依止上師的究竟目的,也是為了認出本具的佛性。因此,要

祈請外在的上師加持，讓我們能認出內在的心性，從自心中獲得佛果。

利益有情，永斷輪迴

【27-30】

> 加持引領未證悟眾生
> 加持救護非法邪分別
> 加持一切有緣皆具義
> 加持徹底斷絕滅輪迴

儘管我們的理智心已知「佛陀不在他處觀本面」，然而，知道並不等於了悟，我們仍需要上師與諸佛菩薩的協助，讓自己能夠迅速證悟。

身為大乘行者，我們成佛的目的是為了利益一切有情。因此，要祈請上師加持，引領所有尚未證悟的眾生，都能從痛苦的輪迴中解脫。

同時，我們也要祈請上師加持，去救護那些有邪分別（顛倒認知）的人。有些眾生因為無法區分什麼是「正法」或「非法」，而產生顛倒的認知，誤將正法當成邪見，或將邪見當成正法，如此而受困於輪迴當中。所以，要祈請上師加持，讓他們能夠生起正知，趣向正法。

除此之外，我們還要進一步地祈請上師加持，讓所有與我們有關聯的具緣眾生都能趣向佛法，因為唯有趣向佛法，才能趣向究竟

的自由。而獲得這種究竟自由的方式,是修持菩提心與「立斷」,讓「心」成為菩提心,「意」成就立斷。藉由這種修持的方式,我們就有可能斷除輪迴。身為大乘行者的我們,祈請上師加持的對象不僅僅是自己,更要護念眾生,祈請上師加持,以斷除一切眾生的輪迴。

轉化蘊身,現證成佛

【31-32】

> 加持蘊界成熟為尊身
> 加持趨證得虹體光身

這個看似實有的輪迴,其實只不過是因著眾生業力所形成的顯相。我們的五蘊本是五佛,界、處本是諸佛的壇城,只是被無明所遮蔽。因此,在這篇祈請文的最後,要祈請上師加持,讓我們能藉由修持即身成佛,令這個五蘊之身直接現證為諸佛的境界,並且證得虹光身。

所謂的「虹光身」,意即身、心已達到「明空不二」的最高境界,故能將構成色身的物質轉化由五光構成五大元素之精華,且持續利益一切有情。一般而言,若想現證虹光身,必須要修持「頓超」才有機會,但那並非唯一可以讓我們證悟的方式。佛陀傳下八萬四千法門,就是為了因應不同根器的眾生,所以,我們應該修持現階段最適合自己的法門。

如前所述,措尼仁波切認為最適合在家行者修持的法門是「立

斷」，因為它不受外境條件的限制。在修持「立斷」或其他適當法門的同時，也可以祈請上師加持，讓我們有一天在時機成熟時，可以證得虹光身。

憶念上師獲加持

【33】

上師鑒知 上師鑒知

在瞭解祈請文的內容以及祈請上師的重要性之後，我們要時時憶念上師，祈請上師加持我們，讓我們能夠迅速成就。上師的加持，是幫助我們增益最好的方式，如果想要迅速與上師及法教產生連結，就必須修持「上師瑜伽」。

在念誦上師祈請文時，我們可以觀修從上師的額頭、喉間、心間、臍輪分別化現出「ༀ」（嗡）、「ཨཱཿ」（啊）、「ཧཱུྃ」（吽）、「ཧྲཱིཿ」（吙）四個種子字，放光加持我們身、語、意的功德，喚醒佛的法身、報身、化身、自性身等四身的種子。

不過，觀修只是一種修持的技巧，真正的「上師瑜伽」必須具備四種上師：（一）傳承上師；（二）根本上師；（三）本質上師；（四）顯相上師。而這四者之間又是相輔相成，就如若要泡出一杯好茶，除了要有品質良好的茶葉，還須具備泡茶的容器、良好的水質與適當的水溫等要素。

在修學的過程中，我們必須依靠自己的根本上師與傳承上師的加

持，來幫助自己認出自心內在的本質上師。由於根本上師的清淨法脈，是源自於歷代傳承上師，因此，根本上師的加持，就融合了傳承上師的加持。而在認出本質上師之後，我們才有可能將一切顯相都視為上師。

由於每個人都有不同的修持功課與時間，「上師瑜伽」的修持不一定每次都要是正式的座上修，前提是你必須對上師具足信心。如果你有足夠的虔敬心，並且能夠如實觀修，那麼即便只是心中發出一句「上師鑒知」，也將具有無比廣大的加持力。

所以，如果在你在瞭解修持「上師瑜伽」的意義之後，卻依然無法對上師生起信心，措尼仁波切建議你不妨先回到微細身的「握手」練習與「本質愛」的修持上。就如此地覺知著那種無法被啟發的狀態，覺知著理智上雖明白一切道理卻無法生起虔敬心，覺知著「美麗的怪物」正在阻礙自己感受虔敬。然後，透過「握手」練習，一層層地打開阻礙。當你打開之後，那種開放感就會連結到本質愛，並且讓理智上的理解與祈請融合在一起。

這也是為什麼措尼仁波切會將微細身的修持視為重要前行法的原因，因為每當你在修行上遇到任何障礙而無法前進時，都可以回到微細身的「握手」練習上，慢慢地將問題鬆開。

虔敬心是獲得加持的關鍵，如果你能追隨雪繞賞嫫阿尼的腳步，時時以虔敬心持誦「上師鑒知」，相信必然能夠獲得傳承上師的加持。直到有一天，當你認出本質上師，並發現你能將每個人（包括你原本無法忍受的人）都視為上師時，才算是圓滿了「上師瑜伽」。

致謝

特別感謝第三世措尼仁波切的開示指導，並不厭其煩地確認書稿的內容。

感謝措尼給恰林的昆秋帕滇堪布提供關於囊謙給恰林的資訊與圖片。

感謝中華講修佛學會的烏金班久堪布提供關於歷史上的瑜伽女資訊，特別是關於色拉康卓佛母與賈札仁波切的故事。

感謝藏文翻譯貝瑪慈寧協助翻譯囊謙給恰林的文獻。

感謝Tenzin Choegyal、Bella Wilshire、Sudarshan Suwal、Michael Kunkel、Emily Polar、Neil Hogan、美國芬陀利迦佛學會（Pundarika Foundation U.S.）、台灣芬陀利迦佛學會、格桑唐卡世界（Kalsang Art）提供圖片。

感謝所有受訪者以及所有參與協助圓滿此書者。

參考文獻

【藏文】

真實普賢金剛持成就自在士貝瑪直美偉瑟（蓮花無垢光）之外內密傳記滙集《普賢大悲舞蹈》

吉祥前譯寧瑪派道場給恰寺大乘菩提法洲法教傳承主寺與分寺淵源略說《無垢蓮鬘》

藉以祈請文與言教道歌講說傳記・闡明經續明鏡《界解金剛頓然歌韻》

《阿德仁波切傳記》（吉噶寺電子版）

【中文】

祖古烏金仁波切口述、艾瑞克・貝瑪・昆桑、瑪西亞・賓德・舒密特記錄整理，《大成就者之歌（下）：傳承篇》，楊書婷、郭淑清譯，台北：橡實文化，2007。

阿德仁波切，《束縛中的自由：阿德仁波切不凡的一生與教導》，多傑圖滇譯，新北市：眾生文化，2019。

噶陀錫度仁波切，《心性之旅：夏迦師利尊者傳》，尹若英、王覺寬、黃春鴻譯，新北市：光譜文創，2016。

貝瑪仁增仁波切，《世界心精華寶：札昂林巴大伏藏師的傳奇與教法》，台北：橡樹林文化，2009。

堪布竹清嘉措仁波切，《母親之歌：瑪姬拉尊祈請文釋論》，吳婉文譯，台北：德謙讓卓文化，2018。

《曼達拉娃佛母傳：生生世世及解脫故事》，普賢法譯小組譯，白玉·秋竹仁波切審定，台北：橡樹林文化，2011。

塔香·桑天·林巴，《伊喜措嘉佛母傳：修道上的追尋與成就》，普賢法譯小組譯，台北：橡樹林文化，2011。

色拉康卓，《色拉康卓·德瓦多吉自傳》，索達吉仁波切，電子版。

禪修指引 36

認出心性，就是解脫——措尼傳承與證悟的女性修行者

特別指導	措尼仁波切（Tsoknyi Rinpoche）	
作　　者	伊喜娜娃（郭怡青）	
發 行 人	孫春華	
社　　長	妙融法師	
總 編 輯	黃靖雅	
執行主編	顗顗	
版面構成	張淑珍	
封面設計	阿力	
發行印務	黃新創	

台灣發行　眾生文化出版有限公司
　　　　　地址：220新北市板橋區四川路2段16巷3號6樓
　　　　　電話：886-2- 89671025　傳真：886-2- 89671069
　　　　　劃撥帳號：16941166　戶名：眾生文化出版有限公司
　　　　　電子信箱：hy.chung.shen@gmail.com　網址：www.hwayue.org.tw

台灣總經銷　紅螞蟻圖書有限公司
　　　　　　地址：114台北市內湖區舊宗路二段121巷19號
　　　　　　電話：886-2-2795-3656　傳真：886-2-2795-4100
　　　　　　電子信箱：red0511@ms51.hinet.net

香港經銷點　佛哲書舍
　　　　　　地址：九龍旺角洗衣街185號地下
　　　　　　電話：852-2391-8143　傳真：852-2391-1002
　　　　　　電子信箱：bumw2001@yahoo.com.hk

印　　刷	博創印藝文化事業有限公司
初版一刷	2025年6月
定　　價	370元
ＩＳＢＮ	978-626-99099-5-7（平裝）

◎本書如有破損、缺頁、裝訂錯誤，請寄回更換。
◎未經正式書面同意，不得以任何形式做全部或局部之翻印、仿製、改編或轉載。
　版權所有‧翻印必究

國家圖書館出版品預行編目(CIP)資料

認出心性,就是解脫：措尼傳承與證悟的女性修行者/
伊喜娜娃(郭怡青)作. -- 初版. -- 新北市：眾生文化出版有限公司, 2025.06
　面；　公分. -- (禪修指引 ; 36)
ISBN 978-626-99099-5-7(平裝)
1.CST: 措尼仁波切 2.CST: 藏傳佛教 3.CST: 佛教傳記
226.969　　　　　　　　　　　　　　　　114004905

眾生文化出版書目

噶瑪巴教言系列

1	報告法王：我做四加行	作者：第十七世大寶法王 鄔金欽列多傑	300元
2	法王教你做菩薩	作者：第十七世大寶法王 鄔金欽列多傑	320元
3	就在當下	作者：第十七世大寶法王 鄔金欽列多傑	500元
4	因為你，我在這裡	作者：第一世噶瑪巴 杜松虔巴	350元
5	千年一願	作者：米克‧布朗	360元
6	愛的六字真言	作者：第15世噶瑪巴‧卡恰多傑、第17世噶瑪巴‧鄔金欽列多傑、第1世蔣貢康楚仁波切	350元
7	崇高之心	作者：第十七世大寶法王 鄔金欽列多傑	390元
8	深藏的幸福：回憶第十六世大寶法王	作者：諾瑪李維	399元
9	吉祥如意每一天	作者：第十七世大寶法王 鄔金欽列多傑	280元
10	妙法抄經本__心經、三十五佛懺悔文、拔濟苦難陀羅尼經	作者：第十七世大寶法王 鄔金欽列多傑	300元
11	慈悲喜捨每一天	作者：第十七世大寶法王 鄔金欽列多傑	280元
12	上師之師：歷代大寶法王噶瑪巴的轉世傳奇	講述：堪布卡塔仁波切	499元
13	見即解脫	作者：報恩	360元
14	妙法抄經本__普賢行願品	作者：第十七世大寶法王 鄔金欽列多傑	399元
15	師心我心無分別	作者：第十七世大寶法王 鄔金欽列多傑	280元
16	法王說不動佛	作者：第十七世大寶法王 鄔金欽列多傑	340元
17	為什麼不這樣想？	作者：第十七世大寶法王 鄔金欽列多傑	380元
18	法王說慈悲	作者：第十七世大寶法王 鄔金欽列多傑	380元

講經系列

1	法王說心經	作者：第十七世大寶法王 鄔金欽列多傑	390元

經典開示系列

1	大願王：華嚴經普賢行願品釋論	作者：堪布 竹清嘉措仁波切	360元
2	大手印大圓滿雙運	原典：噶瑪恰美仁波切、釋論：堪布 卡塔仁波切	380元
3	恆河大手印	原典：帝洛巴尊者、釋論：第十世桑傑年巴仁波切	380元
4	放空	作者：堪布 慈囊仁波切	330元
5	乾乾淨淨向前走	作者：堪布 卡塔仁波切	340元
6	修心	作者：林谷祖古仁波切	330元
8	除無明闇	原典：噶瑪巴旺秋多傑、講述：堪布 卡塔仁波切	340元
9	恰美山居法1	作者：噶瑪恰美仁波切、講述：堪布卡塔仁波切	420元
10	薩惹哈道歌	根本頌：薩惹哈尊者、釋論：堪千 慈囊仁波切	380元
12	恰美山居法2	作者：噶瑪恰美仁波切、講述：堪布卡塔仁波切	430元
13	恰美山居法3	作者：噶瑪恰美仁波切、講述：堪布卡塔仁波切	450元
14	赤裸直觀當下心	作者：第37世直貢澈贊法王	340元
15	直指明光心	作者：堪布 竹清嘉措仁波切	420元

17	恰美山居法 4	作者：噶瑪恰美仁波切、講述：堪布卡塔仁波切	440 元
18	願惑顯智：岡波巴大師大手印心要	作者：岡波巴大師、釋論：林谷祖谷仁波切	420 元
19	仁波切說二諦	原典：蔣貢康楚羅卓泰耶、釋論：堪布 竹清嘉措仁波切	360 元
20	沒事，我有定心丸	作者：邱陽‧創巴仁波切	460 元
21	恰美山居法 5	作者：噶瑪恰美仁波切、講述：堪布卡塔仁波切	430 元
22	真好，我能放鬆了	作者：邱陽‧創巴仁波切	430 元
23	就是這樣： 《了義大手印祈願文》釋論	原典：第三世大寶法王噶瑪巴 讓炯多傑、 釋論：國師嘉察仁波切	360 元
24	不枉女身： 佛經中，這些女人是這樣開悟的	作者：了覺法師、了塵法師	480 元
25	痛快，我有智慧劍	作者：邱陽‧創巴仁波切	430 元
26	心心相印，就是這個！ 《恆河大手印》心要指引	作者：噶千仁波切	380 元
27	不怕，我有菩提心	作者：邱陽‧創巴仁波切	390 元
28	恰美山居法 6	作者：噶瑪恰美仁波切、講述：堪布卡塔仁波切	430 元
29	如是，我能見真實	作者：邱陽‧創巴仁波切	470 元
30	簡單，我有平常心	作者：邱陽‧創巴仁波切	430 元
31	圓滿，我來到起點	作者：邱陽‧創巴仁波切	390 元
32	國王之歌：薩惹哈尊者談大手印禪修	原典：薩惹哈尊者、釋論：堪千創古仁波切	390 元
33	那洛巴教你：邊工作，邊開悟	原典：那洛巴尊者、釋論：堪千創古仁波切	390 元
34	明明白白是自心	原典：達波札西南嘉、釋論：堪千創古仁波切	390 元
35	帝師的禮物：八思巴尊者傳記與教言	原典：八思巴尊者、釋論：第 41 任薩迦法王	390 元
36	恰美山居法 7	作者：噶瑪恰美仁波切、講述：堪布卡塔仁波切	430 元
37	禪定之王：《三摩地王經》精要釋論	作者：帕秋仁波切	350 元
禪修指引系列			
1	你是幸運的	作者：詠給‧明就仁波切	360 元
2	請練習，好嗎？	作者：詠給‧明就仁波切	350 元
3	為什麼看不見	作者：堪布竹清嘉措仁波切	360 元
4	動中修行	作者：創巴仁波切	280 元
5	自由的迷思	作者：創巴仁波切	340 元
6	座墊上昇起的繁星	作者：堪布 竹清嘉措仁波切	390 元
7	藏密氣功	作者：噶千仁波切	360 元
8	長老的禮物	作者：堪布 卡塔仁波切	380 元
9	醒了就好	作者：措尼仁波切	420 元
10	覺醒一瞬間	作者：措尼仁波切	390 元
11	別上鉤	作者：佩瑪‧丘卓	290 元
12	帶自己回家	作者：詠給‧明就仁波切／海倫特寇福	450 元
13	第一時間	作者：舒雅達	380 元

14	愛與微細身	作者：措尼仁波切	399元
15	禪修的美好時光	作者：噶千仁波切	390元
16	鍛鍊智慧身	作者：蘿絲泰勒金洲	350元
17	自心伏藏	作者：詠給‧明就仁波切	290元
18	行腳：就仁波切努日返鄉紀實	作者：詠給‧明就仁波切	480元
19	中陰解脫門	作者：措尼仁波切	360元
20	當蒲團遇見沙發	作者：奈久‧威靈斯	390元
21	動中正念	作者：邱陽‧創巴仁波切	380元
22	菩提心的滋味	作者：措尼仁波切	350元
23	老和尚給你兩顆糖	作者：堪布卡塔仁波切	350元
24	金剛語：大圓滿瑜伽士的竅訣指引	作者：祖古烏金仁波切	380元
25	最富有的人	作者：邱陽‧創巴仁波切	430元
26	歸零，遇見真實	作者：詠給‧明就仁波切	399元
27	束縛中的自由	作者：阿德仁波切	360元
28	先幸福，再開悟	作者：措尼仁波切	460元
29	壯闊菩提路	作者：吉噶‧康楚仁波切	350元
30	臨終導引	作者：噶千仁波切	320元
31	搶救一顆明珠： 用一年，還原最珍貴的菩提心	作者：耶喜喇嘛、喇嘛梭巴仁波切	440元
32	轉心向內，認出本覺	作者：普賢如來、慈怙 廣定大司徒仁波切	380元
33	見心即見佛	作者：慈怙 廣定大司徒仁波切	380元
34	城市秘密修行人： 「現代瑜伽士」的修學指南	作者：堪布巴桑仁波切	360元
35	成佛之路好風景： 從修心到解脫的實修藍圖	作者：慈怙 廣定大司徒仁波切	380元
36	認出心性，就是解脫： 措尼傳承與證悟的女性修行者	作者：伊喜娜娃（郭怡青）	370元

密乘實修系列			
1	雪域達摩	英譯：大衛默克、喇嘛次仁旺都仁波切	440元

儀軌實修系列			
1	金剛亥母實修法	作者：確戒仁波切	340元
2	四加行，請享用	作者：確戒仁波切	340元
3	我心即是白度母	作者：噶千仁波切	399元
4	虔敬就是大手印	原作：第八世噶瑪巴 米覺多傑、講述：堪布 卡塔仁波切	340元
5	第一護法：瑪哈嘎拉	作者：確戒仁波切	340元
6	彌陀天法	原典：噶瑪恰美仁波切、釋義：堪布 卡塔仁波切	440元
7	臨終寶典	作者：東杜法王	420元
8	中陰與破瓦	作者：噶千仁波切	380元

9	斷法	作者：天噶仁波切	350元
10	噶舉第一本尊：勝樂金剛	作者：尼宗赤巴‧敦珠確旺	350元
11	上師相應法	原典：蔣貢康楚羅卓泰耶、講述：堪布噶瑪拉布	350元
12	除障第一	作者：蓮師、秋吉林巴、頂果欽哲法王、祖古烏金仁波切等	390元
13	守護	作者：第九世嘉華多康巴 康祖法王	380元
14	空行母事業： 證悟之路與利他事業的貴人	作者：蓮花生大士、秋吉德千林巴、蔣揚欽哲旺波、 祖古‧烏金仁波切、鄔金督佳仁波切等	390元
15	無畏面對死亡	作者：喇嘛梭巴仁波切	480元

心靈環保系列

1	看不見的大象	作者：約翰‧潘柏璽	299元
2	活哲學	作者：朱爾斯伊凡斯	450元

大圓滿系列

1	虹光身	作者：南開諾布法王	350元
2	幻輪瑜伽	作者：南開諾布法王	480元
3	無畏獅子吼	作者：紐修‧堪仁波切	430元
4	看著你的心	原典：巴楚仁波切、釋論：堪千 慈囊仁波切	350元
5	椎擊三要	作者：噶千仁波切	399元
6	貴人	作者：堪布丹巴達吉仁波切	380元
7	立斷：祖古烏金仁波切直指本覺	作者：祖古烏金仁波切	430元
8	我就是本尊	作者：蓮花生大士、頂果欽哲仁波切、祖古烏金仁波切等	440元
9	你就是愛，不必外求： 喚醒自心佛性的力量	作者：帕秋仁波切	390元
10	本淨之心： 自然學會「大圓滿」的無條件幸福	作者：鄔金秋旺仁波切	399元
11	你的水燒開了沒？ ——認出心性的大圓滿之道	作者：寂天菩薩、蓮花生大士、祖古烏金仁波切等	450元
12	拔出你的本覺之劍 ——本然大圓滿與金剛歌	作者：紐修堪布仁波切、舒雅達喇嘛	390元

如法養生系列

1	全心供養的美味	作者：陳宥憲	430元

佛法與活法系列

2	我的未來我決定	作者：邱陽‧創巴仁波切	370元
4	蓮師在尼泊爾	作者：蓮花生大士、拉瑟‧洛扎瓦、賈恭‧帕秋仁波切	390元
6	薩迦成佛地圖	作者：第41任薩迦崔津法王	370元
7	蓮師在印度	作者：蓮花生大士、拉瑟‧洛扎瓦	430元

不思議圖鑑系列

1	王子翹家後	作者：菩提公園	360元
2	福德與神通	作者：菩提公園	350元